İSTİSMARDAN SONRA YARATMAK

HER ŞEY KÖTÜ GİTTİĞİNDE TRAVMADAN NASIL İYİLEŞİR VE HAYATINIZA DEVAM EDERSİNİZ

DR. LİSA COONEY

Telif Hakkı © 2024 Dr. Lisa Cooney

Tüm hakları saklıdır.

Bu kitabın hiçbir bölümü, bir kitap incelemesinde kısa alıntılarının kullanılması dışında yazarın yazılı izni olmaksızın bilgi depolama ve erişim sistemleri de dahil olmak üzere herhangi bir biçimde veya herhangi bir elektronik veya mekanik yol ile çoğaltılamaz.

Bu kitap, üzerlerinde ve çevresinde "görünmez bir kafes" ile yaşamış olan ve kendilerinin anahtar olduğunu kabul ederek, o kafesi atmaya hazır olanlara adanmıştır.

Kendinizi herhangi bir şeyden ve her şeyden kurtarmanın anahtarı sizsiniz. ROAR'ınızı yaşamanızı engelleyen şeylerin kurbanı olmamak ise sizin seçiminiz!

Şimdi, istismardan SONRA yaratmanın ve geçmişinizin geleceğinizi belirlemesine izin vermemenin zamanı geldi.

Ya geçmişinizdeki her şey travma sonrası gelişme imkanı ise? Ben bunu seçiyorum.

Access Consciousness®'a, ThetaHealing ™'e ve şimdi ve daha önce ROAR'a katkıda bulunan herkese minnettarım.

Ve sana, okuyucu! Hadi mümkün olduğunu bildiğimiz o dünyayı yaratalım!

TEŞEKKÜR-KABUL

Bu kitabın uzun, çok uzun bir gebelik dönemi vardı. İstismardan sonra gerçekten hayatımı, yaşamımı ve işimi yaratmaya "başlamam" gerektiğini şimdi daha iyi anlıyorum. Ve bunu yapmam biraz zaman aldı. Gelgitler ve akış için ve bu kitabın bana bu kadar sevgiyle rehberliği için minnettarım.

Ne ondan ne de benden asla vazgeçmediğim için kendime teşekkür ediyorum. On yıllarca süren çeşitli biçimlerde istismardan sonra iyileşme ve yaratma konusunda farklı bir olasılık olduğunu göstermeye çok kararlıyım.

İnsanlar içinde ve altında yaşadıkları kafesi tanımladıklarında, istismarı iyileştirmek ve ardından istismardan sonra yaratmak için yeni paradigmalar açılmaya başlar.

Teşekkür-Kabul

Bu gezegendeki değişimler ve şifa konusunda hepimizin bir yeteneği, fikri ve katkısı olduğunu kabul ediyorum. Bu nedenle bu kitap bu sürecin bir parçası. Sizi kendi yaratımlarınıza davet ediyorum ve umarım bu kitap da sizi bunu yapmanız için yönlendirecektir. İstismar bir son değil, hayatınızı şimdi ve yeniden yaratmanın başlangıcıdır.

Öyleyse devam edin, yaratmaya başlayın! İstismarı bu şekilde ortadan kaldırırız. Durmuyoruz, onun ötesine geçiyoruz ve kendimize sadık yaşıyoruz.

Başka hangi seçenekler mümkün? Ve şimdi bu seçenekleri nasıl seçebilirsin?

DR. DAİN HEER TARAFINDAN ÖNSÖZ

Arada bir, tüm gerçekliğimizi yeniden tanımlayan bir kitap gelir. *İstismardan Sonra Yaratmak* işte böyle bir kitap.

Elinize bu kopyanın geçmesinden dolayı çok mutluyum.

Bir gencin maruz kaldığı istismar sonucu kendini öldürdüğü haberini duymadan gazete okuyamadığımız, haber açmadığımız bu dönemde, bu kitaba çaresizce ihtiyaç duyulmaktadır. Bu kitap, suistimalinizin ötesinde size gerçekten rehberlik edecek dinamik araçlar sağlamakta ve ilham olmaktadır.

Bu kitapta, Dr. Lisa Cooney, istismardan kurtulan biri olmanın ötesinde, kişisel yoğun suistimal deneyimlerini zekice paylaşırken, sizi istismar kafesinden çıkaran, ve kendinizi zenginleşen bir yaşam yaratmaya götüren bir yol olduğunu gösteriyor.

Dr. Lisa'yı, Sertifikalı Access Kolaylaştırıcısı olduğu için Access Consciousness® topluluğu aracılığıyla tanıyorum. Enerji şifası, maneviyat ve bilinç konusundaki eğitimi, hipnoterapi alanındaki çalışmaları, psikoloji doktorası ve danışmanlığı - cesareti, mizah anlayışı ve şefkatiyle birlikte – kendisini, sizin elinizden tutacak ve bu yolda ilerletecek mükemmel insan yapıyor.

Lisa, çocukken, diğer birçok insanın hayatını bırakmasına ve tekrar eden bir mağduriyet ve suistimal döngüsü yaratmasına sebep olacak, çok yoğun bir istismara maruz kaldı. Yine de pes etmemeyi seçti.

İstismarla ilgili geçmiş kişisel deneyimimi bilerek, hayatının bu alanındaki kendi değişim sürecini hızlandırmak için benden özel bir seans istedi.

Biriyle bir seans yaparken, onlara ilk sorum şudur: "Bundan bir şey elde edebilseydin, bu ne olurdu?" Hem Lisa'nın yanıtı, hem de buna sahip olma isteği beni şaşırttı.

Son 14 yılda binlerce kişi üzerinde çalıştım. Bu yüzden bu soruyu defalarca sordum. Büyük bir değişiklik isteyen çoğu insan, dünyalarında buna gerçekten sahip olma istekleri konusunda bir tür çekinceye sahiptirler.

Dr. Dain Heer tarafından Önsöz

Enerjisel olarak, sanki onu isterler, ama onu seçmek yerine başkasının onlara vermesini isterler.

Lisa'ya bu soruyu sorduğumda şöyle dedi: "Her şeyin eskisi gibi olmasından bıktım. Yeterince geriye gittim. ŞİMDİ tüm kapasitem ve yeteneklerimle ilerlemeyi talep ediyorum." Ve bunu gerçekten istediğini biliyordum. Çekincesi yoktu. O anda istediği her şeyi seçmeye ve almaya hazırdı.

Bu tam da Lisa'nın bu kitapla sizi davet ettiği şeydir. Bu gerçekliğin size attığı en kötü şeyi deneyimlemiş olsanız bile, sizin de olduğunuz her şey olma yolunda ilerleyebileceğinizin farkındalığına sahip olmanızı istiyor.

Lisa, Access Consciousness®'ın dinamik ve pragmatik araçlarıyla birlikte, bir psikoloji doktoru olarak yaptığı işten elde ettiği her aracı kullanarak, tamamen farklı bir seçeneğe sahip olmanız için kapıyı açıyor – eğer siz oraya gitmeyi SEÇERSENİZ.

İstismar, dinamik olarak farklı bir bakış açısını layıkıyla kapsayan bir kitap yazmak şöyle dursun, en iyi zamanlarda bile tartışılması kolay bir konu değildir.

Bu kitabı okurken, umarım bu alandaki bakış açınızı tazeleyecek ve yenileyecek bir şeyle tanışacaksınız ve aynı zamanda hepimiz için gerçekte neyin mümkün olduğuna dair size derin bir farkındalık kazandıracak.

Dr. Dain Heer tarafından Önsöz

Ya şimdi zamanıysa?

Bununla birlikte sevgili okuyucu, sizi okumaya ve "İstismardan Sonra Yaratmaya" davet ediyorum.

Dr. Dain Heer

Houston, Teksas

Access Consciousness® Kurucu Ortağı

En Çok Satan Yazar, *"Kendin Ol, Dünyayı Değiştir"*

Dr. Lisa, Access Consciousness™'ın güçlü ve etkili çalışmasına ve özellikle kurucusu Gary Douglas'a ve ortak yaratıcısı Dr. Dain Heer'a teşekkür etmek istiyor.

Çalışmalarının küresel boyuttaki erişimi, sonsuz sayıda insana, bedene, yeryüzüne ve dünyaya fayda sağlamıştır.

Dr. Lisa, kişisel ve profesyonel katkılarından dolayı minnettardır. Teşekkür ederim.

GİRİŞ

Yetişkin hayatımın çoğunu, istismarı iyileştirmenin yollarını aramakla geçirdim. İstismarı iyileştirmek isteyen tanıdığım çoğu insan gibi, şifamın kaynağının kendim olduğunu fark etmeden, kendimin dışında arıyordum. Her zaman bir eğitime daha gidersem, bir tane daha terapistle görüşürsem, bir öğretmenden daha ders alırsam sihirli bir şekilde anahtarı bulacağımı hissederdim. Fakat istismarı iyileştirmenin anahtarı zaten kendi içinizdedir. Şimdiye kadar beslendiğiniz yalan, şifanın sizin dışınızda bulmanız gereken bir şey olduğudur. Kendinizin dışında bir cevap arıyorsanız, bu kitapta tamamen farklı bir model keşfedeceğiz. Size sadece suistimal hikayesinin ötesine geçmenin değil, aynı zamanda "Radikal Canlı" hissini veren bir hayat yaşamanın da bir yolu olduğunu göstereceğim.

GİRİŞ

İstismarı dönüştürmekle ilgili benimsemiş olabileceğiniz birkaç masal var ve bu kitap bunları ortadan kaldıracak:

- **İlki, bunu tek başınıza yapmanız gerektiğidir.** Eğer "hayatta kalanlar zihniyetini" benimsediyseniz, muhtemelen savaşmaya ve hepsini kendi başınıza yapmaya alışkınsınızdır. İstismarı iyileştirmenin yeni paradigmasının (modelinin) bir kısmı, buna gerek olmadığını kabul etmektir.

- **Benimsemiş olabileceğiniz ikinci masal, başka seçeneğinizin olmadığıdır.**

Bununla anlatmak istediğim, istismardan kaynaklanan otomatik eylemlerinizde ve tepkilerinizde başka seçeneğim yok inancıdır. Bu kitapta sürekli vurguladığım gibi, her an her zaman bir seçim vardır. Şu ana kadar, nasıl farklı bir seçim yapılacağını bir kenara bırakın, başka bir seçeneğinizin olduğunu bile bilmiyor olabilirsiniz. Bu dünyada ve hayatınızda sizin için daha büyük bir olasılık seçmekten daha önemli hiçbir şey yoktur.

Yaklaşımım, doğrudan, gerçek ve şefkatli bir şekilde adlandırılmamış olanı adlandırmaktır. Bugün hala

GİRİŞ

katlanılan ve sürdürülen birçok istismar biçiminden bahsediyorum.

İstismardan bahsettiğimde, sadece daha tanıdık fiziksel ve cinsel saldırı biçimlerini kastetmiyorum. Aynı zamanda birbirimizi manipüle ettiğimiz, kontrol ettiğimiz ve ezdiğimiz, sosyal olarak kabul edilebilir gizli yollardan bahsediyorum. Aslında, istismarın birçok yüzü vardır. Bunlar, bir insan ırkı olarak birbirimizle iletişim kurmayı öğrendiğimiz pasif-agresif yolları içerir. Birisi bunu daha sonra ödeyeceğinizi ima eder bir tonda iletişim kurarken, bunun için endişelenmemenizi, sorun olmadığını söyleyebilir. Ya da tam olarak yapmanızı istediklerini yaptığınız sürece birisi size sevgi ve ilgi gösterecektir ve beğenmedikleri bir şeyi söylediğinizde yada yaptığınızda başlarını sallayacaklar, sırtlarını dönecekler ve sessizleşeceklerdir. Veya bir seçeneğiniz olduğunu söyleyebilirler, ancak akıllarında olanı seçmezseniz sizi cezalandırırlar.

Bunun sonucunda, çoğumuz "Suistimal Kafesi" dediğim şeyin içinde farkında bile olmadan dolaşıyor oluruz. Bu kitap boyunca keşfedeceğimiz kafes, istismar mağdurlarının, bilinçsizce etraflarını saran bir tür "görünmez kalkan"lara sahip olmasıdır. Çoğunlukla, suistimale uğramış insanlar, her gün bu kafesin içinde yaşadıklarının farkında bile olmazlar. Tek bildikleri bir sınırlanma, bir ağırlık duygusu ve yoğunluğudur. Şeyler (olaylar, durumlar...), oldukları kadar parlak gelmez. Ve bunun neden olduğundan da emin değildirler. Bazıları kronik hastalığı, depresyonu veya başka bir şeyi suçlayabilir.

Yaşadığınız suistimalin cinsel, fiziksel, ruhsal, finansal veya duygusal bir yapıya sahip olması veya tek bir olay veya bir dizi olaydan kaynaklanması fark etmez. Bu durumların herhangi birinde, bizler başından beri hatalı yere yerleştirilmiş derin bir yanlışlık duygusunu yanımızda taşırız. Bu failimize aittir, ama biz bunu kendimizinmiş gibi kabul ederiz. Daha sonra hayatlarımızı bu içsel yanlışlık durumundan yaratırız. Tüm bunların sonucunda, istismar eyleminin yaratıcısına çok fazla güç ve kendimize ise çok az farkındalık veririz.

İstismara maruz kaldıysanız, büyük olasılıkla bu suistimal ortamında başa çıkmanıza, hoşgörü ve işlev göstermenize yardımcı olacak stratejiler öğrenmişsinizdir. Örneğin, konuşmaya başladığınızda susmanız söylenmişse, büyük olasılıkla daha az konuşmayı öğrenirsiniz ya da yalnızca herkesin kabul ettiğinden emin olduğunuz durumlarda konuşursunuz. Ya da mutlu ve gerçekten heyecanlı olduğunuzda birisi gelip sesinizi alçaltmanızı ve kendinizi tutmanızı söylerse, mutluluğun ve heyecanın yanlış olduğunu ya da bunun insanları üzdüğünü öğrenebilirsiniz. Mecazi olarak, kafese sığmak için kendimizi bükmeyi, katlamayı ve sakatlamayı öğreniriz. Örneğin, yalnızca çevremizdeki insanlar mutluysa ya da olayları gerçekte oldukları gibi görmezsek ve bunun yerine her şeyin yolunda olduğunu varsayarsak (olmadığını bilsek bile) mutlu oluruz ya da başkaları bizi yargılayabilir diye sahip olduğumuz hayallerden ve arzulardan vazgeçeriz. Bu kafeste üstlendiğimiz inanç sistemleri ve sınırlamaların farkına varıncaya kadar tüm yaşamı bu yere çekmeye ve buradan kararlar almaya devam edeceğiz.

- Olduğumuz gibi sevilmek için yeterince iyi olmadığımıza inanırsak, bizi ebeveynlerimiz gibi yargılayan veya eleştiren insanların hayatlarımıza girmesine izin vereceğiz.
- Bizde bir sorun olduğuna inanıyorsak, aynı şekilde hisseden insanlar bulacağız.
- Her mutlu olduğumuzda kötü şeyler olacağına inanırsak, mutluluğumuzdan tehdit hisseden insanları çekeceğiz ve onlar tarafından bunun için cezalandırılacağız.
- Olan her şeyin bizim hatamız olduğuna inanıyorsak, eylemlerinin sorumluluğunu almayan ve kendileri gibi davranmalarını sağlamak için başkalarını suçlamayı öğrenmiş olan insanları bulacağız.

GİRİŞ

Bunun bilincine varana ve ondan kurtulana kadar - ki size bu kitapta nasıl yapılacağını gösteriyorum - acı çekeceğiz. Kendimizi bilinçli hale getirdiğimizde, seçmeye başlayabiliriz.

Bu süreç, şimdiye kadar sizi gerçekliğiniz olarak hiç bitmeyen suistimal, engel ve sınırlama öyküsünde tutan içinde yaşadığınız kafesi kabul etmek için - bir bilinç azmi olarak adlandırmayı tercih ettiğim - ısrar ve kararlılık gerektirir. Amacım, yeni bir gerçeklik yaratma yeteneğiniz olduğunu fark etmeniz ve sizi şimdiye kadar kafeste tutan eski yapıları ve yalanları atmayı seçmenize yardımcı olmaktır.

BU KİTAP NASIL ÇALIŞIR

Bu kitap, görünmez kafesinizden çıkmanıza yardım edecek. Ama bunu yapmadan önce, onu tanımanız, kucaklamanız ve orada olduğunu bilmeniz gerekir. Benim yaklaşımım, muhtemelen şimdiye kadar sizin için isimsiz kalan şeyi adlandırmaktır. Kafesi bir kez adlandırıldıktan sonra onu görebilirsiniz. Onun sınırlarını ve parmaklıklarını hissedebilir ve ondan çıkabilirsiniz. Siz onun orada olduğunu bilmeden önce, sizi içinde tutar ve her seçiminizi, her hareketinizi, her düşüncenizi şekillendirir. Gerçekliğinizi ve kendinizle ilgili algınızı şekillendirir.

GİRİŞ

Şimdiye kadar hayatınızı kafesin içinde yaşıyor idiyseniz, muhtemelen bunun tek seçeneğiniz olduğunu varsaymışsınızdır. Aslında, birlikte çalıştığım çoğu insan için, seçim fikri ilk başta kafa karıştırıcı görünür. Suistimal yaşadığımız için hayatımızın sonsuza kadar acı ile dolu olacağı masalı bize satıldı. Şimdiye kadarki hayatınız muhtemelen size durumun böyle olduğuna dair pek çok kanıt sağlamıştır. Seçim, düşündüğünüz bir şey olmayabilir. Yine de bu kitap size sadece nasıl farklı seçimler yapacağınızı göstermeyecek, aynı zamanda bunu yapmanız için gerekli araçları da verecek.

Şimdiye kadar suistimali şifalandırmak için olağanüstü miktarda enerji ve zaman harcamış olabilirsiniz. Belki şimdiye kadar istediğiniz sonuçları elde edemediniz. Birçok aracın ve uygulamanın kendinizi düzeltmek ya da iyileştirmek ve kaybettiğinizi varsaydığınız bir şeyi geri almakla ilgili olduğunu keşfettim. Geleneksel terapi modeli bize özgür olmak için kendinizi 'düzeltmeniz' gerektiğini öğretir. Bu modeli benimsediğinizde, sizde bir sorun olduğunu varsayarsınız ve sorunu düzeltmek için çözümler ararsınız. Bu asla sonuna gelemeyeceğiniz dipsiz bir çukur haline gelir çünkü asla düzelmiş veya bütün hissetmezsiniz. Kendinizi benzer döngülerde dolaşırken, bitip bitmeyeceğini merak ederken ve sonunda iyileşeceğiniz günü beklerken buluyor olabilirsiniz.

GİRİŞ

Psikoloji alanında doktorası olan biri olarak, Bugün geleneksel psikoloji dünyasında istismardan iyileşmek için gerekenlere ilişkin inançların ve bu inançların sınırlamalarının işlediğini görüyorum. Ama aynı zamanda, suistimali iyileştirmeye yönelik mevcut paradigmanın sınırlamalarının ötesini de görüyorum. Sizi mevcut paradigmanın duvarlarının ötesine, yeni Radikal Canlılık paradigmasına davet ediyorum.

Bu kitap, istismarla başa çıkmanın eski paradigmasını tersine çevirecek. Hiçbir şeyi geri almanıza veya herhangi bir şeyi düzeltmenize gerek olmadığını keşfedeceksiniz. Bunun yerine, tamamen farklı bir varoluş halinde nasıl seçim yapılacağını sizinle paylaşacağım. Suistimal eylemini sona erdirmeyi veya devam ettirmeyi seçmeyi öğrenecek ve artık bir eylemin veya bir dizi olayın tüm hayatınıza hakim olmasına izin vermeyeceksiniz.

Bu kitapta size sunduğum Radikal Canlı yaşam modeli, sürekli seçim ve sürekli farkındalık gerektirir. Kendinizi başınıza gelenlerle tanımlamama seçimi, bu kitabın her günün her anında yapmanıza yardımcı olacağı bir seçimdir. Burada sizinle paylaştığım şey, hızlı düzeltmeler veya bir gecede iyileşme aramanın ötesindedir. Şu anda kendi içinizdeki seçimlerin farkına vardığınız ve yeni olasılıkları seçmeye hazır olduğunuz, devam eden bir farkındalık uygulamasıdır.

GİRİŞ

İstismar deneyimini, ifade edilmemiş düşünceler, duygular ve başa çıkma stratejilerine kelimeler ekleyerek, muhtemelen sizin için yeni bir şekilde ifade edeceğim. Yeni bir dil öğrenmekten farklı değil. Yine de bunu duyduğunuzda, muhtemelen dünyayı yeni bir şekilde algılamanın kapısını açacak bir rahatlama hissi hissedeceksiniz. Bu, kendi başınıza, algınızda ve gerçekliğinizde muazzam bir değişim yaratabilir.

Birlikte çalışmalarımızın çoğu, farkındalığınızı artırmakla başlar. Birinci Kısımda, bunun içsel düzeyde ne olduğuna bakacağız, ayrılmanızı sağlayan dört D'ler[1] olarak adlandırdığım şeyi inceleyeceğiz: Reddetmek, Savunmak, Bağlantıyı Kesilmek ve Ayrışmak ve suistimale eşlik eden utanç, öfke, hiddet, üzüntü ve korku gibi tanıdık duyguların bazılarını keşfedeceğiz. İkinci kısımda, suistimalin sağlığınız ve bedeniniz, ilişkileriniz ve cinselliğiniz ve paranız ve kariyeriniz dahil olmak üzere hayatınızı dışarıdan nasıl şekillendirmeye ve etkilemeye devam ettiğini inceleyeceğiz. Ve son olarak Üçüncü Kısımda, suistimalin ötesindeki Radikal Canlı yaşama nasıl geçileceğine bakacağız. Yeni bir yaşam tarzına nasıl erişebileceğinizi gösteren, devrim niteliğinde bir umut sohbeti başlatacağız. Nasıl değişeceğinizi keşfederek, artık daha önce olup bitenin (geç-

---

1. Denying, Defending, Disconnecting, Disassociating

GİRİŞ

eski çerçevesinden hareket etmeyeceksiniz, bunun yerine yaşamı yeni bir bilinç ve farkındalık durumundan deneyimleyeceksiniz. Özünde hayatınızda mevcut olmama biçimi olan tanıdık "ayrılma" kalıplarını durdurabilecek ve daha fazla mevcut olma haline getirebileceksiniz.

Yukarıdakilerin hepsini, istismar kafesinin sınırlarından çıkıp şu anda kendiniz için hayal edebileceğinizin ötesinde bir hayat oluşturduğunuz ve yarattığınız Radikal Canlılık bağlamında keşfedeceğiz.

BİRİNCİ BÖLÜM: İSTİSMAR KAFESİNE HAPSOLMAK

1
BİRİNCİ BÖLÜM: GÖRÜNMEZ KAFES

Sabah uyanıyor, hayatınızda doğru olmayan ya da dün yanlış yaptığınız şeylerin arasında koşmaya mı başlıyorsunuz? Bunların hepsi kendini yargılama biçimleridir - "görünmez kafesin" ayırt edici özelliklerinden biridir. İroni şudur ki, bunu yaptığınızda gerçekten yanlış olan tek şey, kendinizi yargılamanızdır.

Yargı, sinsi ve zor farkedilen bir enerjidir. Kendinize karşı kullandığınızda da hatalı, yanlış ve değersiz olduğunuz yanılsamasına hapsolup kendi ebedi gardiyanınız olursunuz. Sürekli bir şeyin yanlış olduğunu düşünürseniz, o zaman bunu yaratacak ve ortaya çıkaracaksınız, böylelikle en azından bu konuda kendinizi haklı çıkarabileceksiniz. Negatif olarak kabul ettiğimiz şeyi doğrulamayı seven bir yanımız var. Buna "ev" demeye alışmamız, tanıdık bir duygudur: Yargılama ile ilgili zorluk, daha büyük olasılıkların özgürleşmesine ve genişlemesine izin vermemesidir. Bunun yerine, kendinizi küçük tutarsınız ve akıntıya karşı mücadele edersiniz.

Geçmiş yargılara gitmek, görünmez kafesten çıkmanın ve suistimalin pençelerinin ötesine geçmenin temel bileşenlerinden biridir.

Bu kitap boyunca, kasıtsız ancak genellikle doğrudan sonuçları yaratan, kendinize ve başkalarına yüklediğiniz yargıları inceleyeceğiz.

Ardından, geçmiş deneyimlerinizin yerine "şimdi üzerinden" yaratmanız için bunların ötesine geçebileceğiniz yolları keşfedeceğiz.

Yolu iyi biliyorum.

Siz sadece ışığı takip etmelisiniz.

BENİM HİKAYEM

"İyi misin?" diye bana sordu.

Basit bir soru gibi görünüyordu. Ancak gerçek şuydu, şimdiye kadar ilk defa biri bu soruyu sormuştu. O zamanlar 21 yaşındaydım.

Durakladım, sorusunu düşündüm. Cevap elbette kesin bir *hayırdı*. Gerçekten iyi değildim. Orada aile içi şiddet psikoloğumun ofisinde otururken, gerçekten iyi olup olmadığımı merak ettim.

O an, sadece kendi suistimal sorunlarımı iyileştirmekle kalmayıp aynı zamanda dünyanın dört bir yanındaki sayısız insana yardım edebilmem ve olağanüstü bir yolculuğa başlamam için bir dönüm noktasıydı. Sanki biri nihayet cephemin ötesini görmüş gibiydi, zırhım delindi. Artık acıdan saklanamazdım ya da onu itemezdim. Yıllar sonra ilk kez ağlamaya başladım. Bundan çok önce ağlamanın güvenli olmadığını öğrenmiştim. Annemin yanında yapmaya cesaret edemeyeceğim bir şeydi, sonuçları çok ağırdı.

Dönüm noktama kadar görünmez bir kafeste yaşamıştım. Elbette gerçek bir kafes değil, mecazi bir kafesti. Hayatınızın bu noktasında veya geçmişte suistimal edici bir kalıba yakalanmışsanız, muhtemelen ne demek istediğimi anlayacaksınız. İşim ve radyo şovum aracılığıyla benimle bağlantı kuran on binlerce insan da - suistimalin yarattığı- bu görünmez ve çoğu zaman tanımlanamaz kafesle ilişki kurmayı başardı. Kendimizi içeriden tanımlamaya başladığımız şey sessiz bir zalimdir.

O noktaya kadar, hayatım neredeyse hiç bitmeyen fiziksel, duygusal ve cinsel istismarın bir tiradı olmuştu. Tüm bildiğim buydu. Bugün, hikayemi tamamen farklı bir şifa alanından paylaşabiliyorum, duygusal tetikleyicilerimin, farklı yollar seçecek kadar farkında olsam da, yine de burada sunulan araçları ve teknikleri kullanmak zorunda olduğumu aklımda tutuyorum. Bir gecede hiçbir şey olmaz ve bu devam eden bir süreçtir.

Suistimale uğrayan pek çok çocuk gibi benim suistimalim de çok sayıda kaynaktan geldi. Ama açık ara en büyük etkiyi annemle yaşadığım deneyimler yarattı.

Büyürken ne düşündüğümüz ya da nasıl hissettiğimiz hakkında hiçbir şey söylemememiz için eğitildik. Yaparsak, kelimenin tam anlamıyla dövülür ve işkence görürdük. Annemin öfkesi, teşhis edilmemiş bir kişilik bozukluğundan kaynaklanıyordu. Sonradan psikoloji okumam ve sonunda ona teşhis koyan kişi olmam tesadüf değil.

Doktorama devam etsem de, annemin benimle ilgili algısı ve bana karşı davranışı, beni bir şekilde aptal olduğuma inandırdı ve bu, çocukluk boyunca benimle birlikte olan bir inanç oldu. Hayatımın hiçbir alanı onun kalıplarından korunamadı. Bir örnek, yazmayı öğrendiğim zamandı. Kağıdın satırlarının içinde kalamazsam annem kafama şaplatırdı. Öğrenmeme karşı tutumu, okulda tamamen içe dönük olmam anlamına geliyordu. Her zaman hayal kuran ve yalnız olan o çocuğu biliyor musunuz? O bendim.

O zamanlardaki duygusal durumumu değerlendirdiğimde, bunu anlatmanın en iyi yolu, bir duygusal duruma sahip olmadığımı söylemek olur. Kendimi kapatmanın daha güvenli olduğunu erken öğrendim. Nadiren birileriyle konuştum ve tamamen yalıtılmıştım. Hayal gücümü kullandığım zamanlarda bile bu hep kendime karşıydı. Brooklyn'deki kumtaşı evimizde oturup şömineye bakardım, alevlerin bana saldırmak için çıkan şeytanlar olduğunu hayal ederdim.

Eğitimimi ve öğrenmemi etkileyen olaylar, karşılaştığım bazı sorunlara kıyasla hafifti. Daha hiddetli anlarından bazılarında, bir öfke nöbeti içinde kendini kaybeden annem, kelimenin tam anlamıyla beni döverdi. Saçımla beni yerde sürüklediği zamanlar oldu. O bunu yaptıkça ben de pantolonumu ıslatırdım. Hayatım, hayatta kalma modundaki bir hayvanınkine çok benziyordu, bir andan diğerine sürekli güvende olmayı sorguluyordum.

Benimle benzer bir durumla karşı karşıya kalan birçok çocuk gibi, ben de sürekli olarak ölmeyi ya da evi terk etmeyi hayal ettim - annemin zulmünden kaçacak herhangi birşey. Orada yatıp ölebileceğim tüm farklı yolları düşünürdüm. Hayatımı sonlandırmamamın tek nedeni, onu gerçekleştiremeyecek kadar çok korkmuş olmamdı. Bir intihar girişimim, daha sonra kendimi otobüsün önünde atmaya çalıştığımda geldi, ama başarısız oldum. O sırada etrafta kimse olmamasına rağmen bir şey beni geri çekmiş gibiydi. O an, hayatımdaki en büyük uyandırma çağrılarından biriydi - beni şifalanma yolculuğuna çıkaran ve zamanla beni birçok yöne götüren o an. Doktora eğitimimi psikoloji alanında sürdürdüm ve sonunda Hipnoterapi, Şamanizm, Theta Healing ve Access Consciousness® dahil olmak üzere maneviyatla ilgilenen alternatif yöntemleri keşfetmeye yönlendirildim. Her biri bana bilincimi değiştirip bütünlüğe doğru ilerlemem için araçlar ve teknikler verdi.

Bu iyileşme sürecinde yaptığım en önemli keşiflerden biri "görünmez kafes"in varlığıydı.

KAFESİN TANIMLANMASI

Görünmez olduğunu söylüyorum, çünkü içinde sessiz bir mahkum olarak yaşamama rağmen var olduğunun farkında bile değildim. Onu tüm dünyayla paylaşabileceğim bir mesaj haline getirmek bir yana, adını koymak onlarca yılımı aldı. Yine de, istismara uğramış birine görünmez kafesten bahsettiğimde, yüzlerini bir tanıma, genellikle rahatlama ifadesi kaplar. Şu anda bu kelimeleri okurken siz de benzer bir deneyim yaşıyor olabilirsiniz.

Kafesiniz, kulağınıza sürekli fısıldayan bir hayalet gibidir. Kulağınıza zorluklarınız olduğunu fısıldar. Hayat güzel olduğunda yine durmaz. Aslında, bu zamanlarda sesinin daha da yüksek olması muhtemeldir, çünkü kafesin sınırları içinde yaşamak sizin tanıdık bir yerde tutulmanızı sağlar. Kafesin ötesinde yaşamayı ne kadar arzu ederseniz edin, bu sınırlar içinde tuhaf bir rahatlık vardır.

Kafesin içinde yaşamak, sesiniz olmadan yaşamaktır. Dünyada konuşabilir ve işlev görebilirsiniz, ama izole edilmiş, susturulmuş ve gerçeklikten kopuk bir parçanız vardır. İçinizde yaşayan, ölmüş, çökmüş ve uyuşmuş bir parça.

Kafes ayrıca hayatınızda sahip olduğunuz her bağlantı noktasını yıkıcı bir şeye dönüştürür. Sizi üretebileceklerinizin ve yaratabileceklerinizin olasılıklarından uzak tutar ve "seçimsizlik gerçekliği" ile sınırlar.

Kafes, yoksunluk, sınırlama ve yalanlara dayanır. Paramızı ve kariyerlerimizi, yaşam kararlarımızı, ilişkilerimizi ve diğer her şeyi kafese koyarız ve onun içinden hareket eder ve tepki veririz. İnsanları uzaklaştırırız. Verimli olabilecek bir iş girişimini seçmemeye karar veririz. Bizi sevgi dolu ve pozitif yollarla destekleme potansiyeline sahip ilişkileri reddederiz. Neden kendimizi sabote ettiğimizi merak ederken aslında her şey kafesin yapmak için tasarlandığı şekilde işlemektir:

yaşamı kucaklayarak genişleme noktasından "evet" demek yerine, hayatla savaşarak korku ve daralma noktasından "hayır" deriz.

Soru sormadan hayat hakkında sonuçlar çıkarırız. İstismar deneyimimizden tepki veririz ve bunun sonucunda bu deneyimi canlı tutarız. Örneğin, sokakta hiç tanışmadığımız birinin yanından geçerken anında tehdit altında ve korkmuş hissedip şoka girebiliriz ve bunun nedenini bilmeyiz. Oysa biz çocukken suistimalcimizin kullandığı kokuyu kullandıkları ortaya çıkar.

Kafesin içinde yaşamanın acısı o kadar büyük olabilir ki bazen orada hiç yaşamamayı seçeriz. En kötü durumlarda ölüm tek çıkış yolu gibi gelebilir ve intiharı düşünebiliriz. Yaşama iradesini yitirmiş birçok kişi gibi ben de sık sık intihar edenlerle çevriliydim. Bu, yetişkinliğimde kendi sorunlarımın muazzam bir dönüşümünü deneyimleyene kadar devam etti.

Sıklıkla, kafesin içindeki canavarı uzaklaştıramadığımızda, acısını önlemek için uyuşur veya kendimizi "yalıtırız". Bu tür yalıtımları genellikle gün boyunca yaparız, özünde kendi kabuğumuz gibi yaşarız. Daha derinlemesine yalıtılmak için yiyecek, alkol, uyuşturucu veya ilaç kullanabiliriz. Hatta 'kazalar' yaşayabiliriz - salata için domates dilimlerken parmağımızı bıçakla kesmek veya otoparkta birine çarpmak gibi küçük kazalar ve bazen de daha da kötülerini yaşayabiliriz. Bunlar olabilir çünkü bilinçsiz bir düzeyde kendimizi sabote ediyor ve kendi dikkatimizi toplamaya - kendimizi uyandırmaya çalışıyoruz.

Kendimizin eksik bir versiyonu olarak çalışmayı bırakıp gerçekte kim olduğumuzla hizaya geldiğimizde, artık bu davranışları sürdürmemize 'gerek kalmaz'.

Bu uyuşukluk ve inkar yerinden, mevcut gerçekliğimizin üzerinde bir başka katman daha yaratırız. Kafesin dışındaki dünya, içinde yaşayanın algısı etrafında şekillenir, ve iç dünya bozuldukça dış dünyamıza dair algımız onu takip eder. Başka bir filtre, dünya üzerinde dolaşarak onu daha da bozar. İnkar etmeye başlarız. Önümüzde olan her şeyle bağlantımızı koparırız: insanlarla ilişkiler, para, hatta dünyayla olan ilişkimiz bile kafesin kendi içinden çarpıklaşır. Yarattığımız gerçekliği savunuruz, çünkü mantıken nedenini açıklayamasak da kafesin içinden bunu yapmak anlamlı gelir.

Radyo programı katılımcılarımdan biri bunu şu şekilde tanımlamıştı: "Sevdiğim bir kişiyle sevdiğim bir yere yeni taşındım ve yine de her gün üzgün, korkmuş ve hiçbir şey yapamaz şekilde uyanıyorum."

Kafesin içinde yaşamak budur. Dış gerçekliğimizde ne değiştirirsek değiştirelim, referans noktamızın aynı kalması acımasız bir şakaya dönüşür. Kendimize şunu söyleriz: "İşte sevdiğim harika bir şey. İşte yeni bir olasılık. Ama buna sahip olamam çünkü daha önce olanların kaygısını yaşıyorum."

ANTİ (Karşıt)-SEN

Kafesin içinde yaratılana "karşıt-sen" diyorum, çünkü böyle yaşadığında, artık sadece kendin değilsin - gerçek sen değilsin. Sen kendinin bir versiyonusun, ama bu gerçek benliğin değil. Örneğin, aşırı kiloluyken (fiziksel, duygusal, zihinsel ve ruhsal olarak daha ağır), bu benim bir versiyonumdu. Bu çalışmayı üstlendiğimde, sizinle paylaşıyorum ve ağırlığı 'serbest bırakıyorum' (kendimin tüm yönlerini hafifletiyorum), gerçeğime - gerçek benliğime daha yakınım. Kafesin bir maskesi olduğu için, kendinize benzemeyebilirsiniz bile. Belki de kendinizi tehdit altında hissettiğinizde, yüzünüzde ki ifadeyi onun belirlediğini hissediyor ya da onu sizi dış dünyadan koruyan bir zırh gibi her zaman giyiyor olabilirsiniz.

"Karşıt-sen" o kadar çok katmana sahiptir ki, kendini ölü hissettirebilir. Buradan algıladığınız her şey sınır ve yoksunluktan doğar. Yaratıcı kapasitenizde yaşamak yerine, ne yaparsanız yapın, reddediliyor ve geriye doğru sekiyor gibi gözükür. Bu yerden ilişki kurmaya çalışabilirsiniz, ancak kendinizi yok etme düğmesine basarak onların merkezinde olduğunuzu hissedebilirsiniz. Neredeyse kendinizi ve etrafınızdaki her şeyi yok etme ihtiyacı ile yaşıyor gibisinizdir. Böylesi daha iyi hissettirir. Sanki bir zamanlar dış dünyanızda meydana gelen şeyi içsel olarak yeniden yaratıyorsunuzdur. Karşıt-sen tetiklendiğinde, kendinizi "suistimal alanı" dediğim yerde bulursunuz. Eğer algılayabiliyorsanız, bunu beyninizin enerjik yapısında bile hissedebilirsiniz. Benim için, beynimdeki epifiz ve hipofiz bezlerinin önünde yer alıyor - tetiklendiğinde onu tam anlamıyla hissedebiliyordum – otonom sinir sistemimde yankılanan, beni savaşmaya, kaçmaya veya donmaya hazırlayan bir yoğunluk ve ağırlık.

Suistimal alanındayken, karşımızdaki her şey eski suistimal hikayesine dönüşür. Dış dünyada olup biteni tersine çevirir. Çevremizdekiler açıkça inkar etse bile, doğru olduğuna ikna olduğumuz şeyleri görürüz. Doğru görünen şey yanlış, yanlış görünen şey doğru olabilir. Kendimizi güvenebileceğimiz insanlara güvenmezken ve güvenilmemesi gereken insanlara güvenirken buluruz. Yaratmak ve tezahür ettirmek istediğimizi söylediğimiz her şeyi temsil eden insanlar hayatımıza girebilirler, ancak onları uzaklaştırırız çünkü onlarla ilişki kurmak kafesin ötesinde yaşamak anlamına gelir ve bunu yapmaktan rahatsız oluruz.

Dış dünyanın bize sürekli olarak suistimal unsurunu hatırlattığını görürüz - sevgilimizin yüzündeki bir bakış, terk edilmişlik hissi, yeterince yapmadığımıza dair bir ima - ve suistimal alanına geri döneriz. Gerçekliğimiz tersine döner ve her şey özünde ne kadar kötü hissettiğimizle ilgilidir. Her şey bizim hatamızmış gibi gelir. Parmaklıkların daha da gerisine çekiliriz. Güvenlik aradığımızda, aslında bulduğumuz şey daha fazla yanlızlıktır.

Kafes, yanlışlığımız hakkında bir yargı yeri olur. Faillerimize ait olan ama kendimizinmiş gibi üstlendiğimiz bu yanlışlık duygusunu taşırız. Bunu yaparken gücümüzü failimize verir ve kendimizden farkındalığı uzaklaştırırız. Ne kadar başka biri olduğumuzun ya da bize öğretilenler noktasından yanıt verdiğimizin farkında olmayız. Bu noktada otomatik bir yanıt mekanizması haline gelir. Başkalarının gerçeklerini kendimizmişiz gibi üstlendiğimiz için bunu yapmaya mecbur kalırız. Suistimal kafesinin içinde yaşadığınızda, bunun hayatınızın diğer tüm alanlarında yankılandığını da fark etmiş olabilirsiniz. Dünyayı suistimal merceğinden süzdüğünüzde, daha fazlası size çekilir. Bunun daha fazla kendinizi suçlamaya yol açtığını fark etmiş olabilirsiniz. Belki "Kendi gerçekliğinizi yaratırsınız" gibi ifadeler duymuşsunuzdur. Ve bu devamlı kendini sürdürdüğünde ve onu nasıl durduracağınızı bilmediğinizde, sizde yanlış bir şeyler olduğu hissini uyandırır.

Çocukken istismar bana mümkün olan her açıdan geldiğinde kesinlikle böyle hissettim. Aynı duygu, suistimal çeşitli şekillerde devam ederken yetişkinliğe de taşındı.Asla gerçekten bildiğiniz gücün kendisi olamayacağınızın altında yatan bir his vardır. Bu hissizlikten hareket ederken yaptığınız her şey, sizin radikal canlı olmanızı engeller, çünkü kendinizin yanlışlığı olarak tanımladıklarınızdan dolayı bu kafesin altından asla tam olarak çıkamazsınız. Kafesin *gerçekte* ne yaptığını tarif etmem gerekirse, bu sizi sürekli "Ben yanlışım" döngüsünde tutar. Yanlışım, Yanlışım, Yanlışım, Yanlışım. Buradayken her zaman her şeyin kurbanı olursunuz.

GÜNLÜK TUTMA EGZERSİZİ: GEÇMİŞ SUİSTİMALİNDE YAŞAMAK

Doğal iyilik durumumuzla bağlantılı olmadığımızda, bir tür çarpık gerçeklik yaşarız.

En önemli 5 çatışmanızı ve zorluğunuzu yazın. Kaçı bir yanlışlık duygusundan geliyor?

YAŞAYAN ÖLÜLERDEN – SABIRSIZLIKLA BEKLEMEYE...

Çoğumuz radikal canlı yaşamaktansa, bir ölü durumda yaşamayı öğrendik. Peki nasıl hepimiz ölü yaşıyoruz?

Bunun bir yolu da, bildiğimiz şeyleri ertelemektir ki, eğer sadece bunu yaparsak, bize hafiflik getireceklerdir. Bunları yapmamamızın nedeni, suistimalle birlikte, içimizde doğal olarak bir sorun olduğuna inanmamızın öğretilmiş olmasıdır. Yanlışlığına inanmaya programlandınız ve ne yaparsanız yapın, her zaman yanılmış gibi hissediyorsunuz.

RADİKAL CANLILIĞA...

Bir sisin içinde dolaştığımızda, başka seçeneğimiz yokmuş gibi hissederiz. Ancak bu kitap boyunca sık sık söylediğim gibi, kendimizle ilgili en değerli şeylerden biri seçme kapasitemizdir.

Ya hepimiz otopilottan ve yıkıcı alışkanlıklarımızın pusunda ölü yaşamayı bırakmayı seçsek? Ya bir kafeste yaşadığımızı kabul ederek suistimal kafesinden gerçekten kurtulsak? Ya kafesin parmaklıklarını eritsek ve bu köprüden radikal canlı yaşamaya geçsek?

Bir şey sizi uyandırdığında farklı bir şey yapmayı seçebilirsiniz. Ne zaman bir şeyi kucaklasanız ve somutlaştırsanız, o olursunuz. İstismar söz konusu olduğunda farklı bir gerçekliği somutlaştırmayı seçebiliriz. Hepimiz bu gezegendeki istismarı ortadan kaldırmak ve yok etmek için katalizör olabiliriz. Ben sadece cinsel tacizden bahsetmiyorum. Tüm istismarlardan bahsediyorum: fiziksel istismar, zihinsel istismar, duygusal istismar, mali istismar, kendini kendinizi istismar. Bir istismarın diğerinden daha kötü olduğunu söyleyen hiçbir kriter yoktur. Hepsi aynı sonuca götürür - canlılığımızı çalar. Ve bu gerçeği sürdürmeye devam ettiğimiz ve yapmayı çok istediğimiz ve yapmayı seçmediğimiz her şey için faillerimizi suçlamaya devam ettiğimiz sürece, aslında istismarı canlı tutarız.

Ya bu gezegendeki en büyük yalan ve en büyük hastalık aslında sizin yargınızsa, kendi kendinizi suistimal etmek, kendinizi yok etmek ve gerçekten olduğunuz varlığı saklamanızsa?

2

İKİNCİ BÖLÜM: 4D'LER

Kare şeklinde bir kafes düşünürseniz, bunlar çubuklardan oluşan dört duvardır. Sizi suistimalin içine kapatan duvarlar. Kutu içine girdiğinizde, o kutunun alanındakilerden farklı bir şey gerçekten yaratamaz veya oluşturamazsınız. İşte bu şekilde istismarı içe çevirir ve aynı anda hem kendi failiniz hem de kurbanınız olursunuz.

REDDETME, SAVUNMA, BAĞLANTI KESME VE AYRIŞMA (DENIAL, DEFENDING, DISCONNECTING, AND DISSOCIATING)

4D'lerin her biri - redetme, savunma, bağlantı kesme, ayrışma - kafesin benzersiz "duvarını" temsil eder. Bunlar, hayatımızdaki istismarla başa çıkmak için kullandığımız kendi kendine oluşmuş başa çıkma mekanizmalarıdır. 4D'leri anlamak, şimdiye kadar yaşadığınız görünmez kafesin yapısıyla uzlaşmak gibidir. Bu kitabın amacı bu yapıyı yıkmaktır. Bu, 4D'lerin sizi mevcut gerçeklik modelinizde nasıl kilitli tuttuğuna dair farkındalıkla başlatır.

#1 REDDETME

Redetme, 4D'lerin ilkidir. Birkaç seviyede gerçekleşir. Olayın gerçekleştiğini özellikle redetmek değil. Elbette bu olabilir, ancak gerçekleştiğinde, genellikle bilinçsiz zihin, durumla başa çıkabilmeniz için olanları bölümlere ayırır. Bahsettiğim inkar türü, kafanızda yaşamak ve bedeninden kopmaktır. Ben buna bedeni varlığından ayırmak diyorum.

Bedeninizi varlığınızdan ayırdığınızda, kendinizi çoğu zaman bedeninizin dışında yaşıyormuş gibi hissedebilirsiniz. Suistimale uğrayanların mesafeli veya uzak görünmesine neden olan şey budur. Bu bir başa çıkma stratejisidir. Başa çıkma mekanizması olarak olanları reddetmek istismar sırasında öğrenilmiş olabilir. İstismar eylemi sona erdikten sonra, reddetme birkaç düzeyde devam eder. Reddetmeden kurtulmanın yolu, bedeninize geri dönmektir. Ama önce reddetmenin ortaya çıkabileceği farklı yolları keşfetmek istiyorum.

Hayal

Hayal, istismara uğradığımızda redetmeyi yaratmanın bir yoludur. İçinde yaşadığımız gerçekliğe alternatif olarak hayal dünyaları yaratırız. Kendi şiddet içeren istismarıma cevap olarak her şeyin güzel olduğu canlı ve hayat dolu bir fantezi dünyası yarattım. Ütopik bir ideal gibiydi ve bir düzeyde her şeyi yapabileceğime inandım. Bir tür süper gücüm olduğundan emindim. Bu, çoğu zaman 4D'lerin daha ciddi ve etki eden yönlerine sıklıkla eşlik eden büyük sanrılarının, örneğin ayrışmanın başladığı yerdir. Çocuklukta hayal, gerçek olanı red edebileceğimiz ve hayali dünyalarımıza çekilebileceğimiz anlamına gelir.

İyileşme sürecimde, hayali nasıl çarpıttığıma ve onu nasıl gerçeklikle birleştirdiğime bakmak zorunda kaldım. Mesela babamı putlaştırdım ve onu bir kaide üzerine koydum. O benim kahramanımdı - iş dünyasında ve para kazanmada mükemmel ve öykülemesi çok eğlenceli. Bu, nefret ettiğim annemle tezattı çünkü eve geldiğinde tek yaptıkları kavga etmekti ve annem onu dışarı iterdi. O zamanlar bilmediğim şey, onun sadakatsizlikleri, uyuşturucu kullanımı veya alkol bağımlılığıydı. Sonunda, bu gerçeklikte her şeyin bir hayal olduğunu anlamaya başladım. O hayalde yaşamak sizi inkar içinde kafesler ve çevrenizdeki gerçekliği daha da büker.

İnsanların hayal dünyasına nasıl çekildiklerinin bir örneği, piyangoyu kazandıktan sonra hayatlarının mükemmel olacağına inanmalarıdır. Hatta piyango kazanıldığında yapacakları her şeyin gelecekteki hayaline bile çekilebilirler. Bu, suistimale uğramamış birçok insan için meydana gelse de, gelecekteki bir hayale çekilme ve şimdiki anın dışında yaşama eğilimi, kafesin içinde daha güçlü olabilir ve inkarın büyük bir parçasıdır. Hayallerimizde yarattığımız ve gerçekte tezahür ettiremediğimiz her şey bizi sınırlar. Hayal dünyamızda, istediğimiz kariyeri, istediğimiz ilişkiyi, sürmek istediğimiz arabayı, yaşamak istediğimiz yeri yaratırız. Orada her şey harikadır. Fakat bizim gerçekliğimiz bunun tam tersidir. Gerçekten - belki de hiçbir şey yapmayarak veya somut bir plan oluşturmayarak - ne istediğimizi inkar ederiz fakat şu anda sahip olduğumuz şeyle de mevcut olmayız. Onu ne kabul edebiliriz ne de takdir edebiliriz. Yani inkar, birçok düzeyde ortaya çıkar.

İnkarın İki Seviyesi

Bir kişinin uğraştığı travma veya suistimal sorunlarının ciddiyetine bağlı olarak, inkar iki seviyede ortaya çıkar.

1. İnkarın içeri ve dışarı tetiklenmesi. Sizin için durum buysa, o zaman bazen gerçek dünyada yaşadığınızı ve diğer zamanlarda hayallerde

yaşadığınızı hissedersiniz. Bir şey sizi tetikleyecek ve inkar kafesine geri döneceksiniz. Para, ilişkiler veya sağlık gibi hayatınızın kilit alanlarında görünebilir.

Eğer bu birinci gruba giriyorsanız, şu ana kadar istismar sorunlarınız üzerinde çok çalışmış olabilirsiniz. Belki de, içine kapanma hissine kapılabileceğinizi zaten anlamışsınızdır. Belki de kafes hissini idare edebiliyorsunuz. Artık sizi aynı şekilde ele geçirmiyor ve hala gücünüz var. Değişmenin mümkün olduğunu biliyorsunuz ve bunu yapmak için elinizden geleni yapıyorsunuz. Bununla birlikte, kafesin bazı kalıntıları hala yerinde durur.

2. Her zaman inkar içinde yaşamak. Bu grup genellikle etraflarına aşılmaz bir kale inşa ederler. Tüm bildikleri kafestir. Onun ötesinde bir dünyayı algılayamazlar veya hissedemezler. Kafesin duvarları oldukça belirgindir ve asla aşağı inmez.

Bu grup için gerçeklik kalenin içinden şekillenir ve bükülür. Bu, ben bir sınıfa intihara meyilli olduklarını öğretmek üzereyken bana Facebook mesajı gönderen birinin durumuydu. Bu özel kişi için kafesin duvarları çok yoğundu. Onun bir köşeye sıkıştığı benim için çok açıktı. Bu, her şeyin sonlu olduğu hissini de beraberinde getiriyor. Çoğunlukla da sonunda tek bir seçeneğin olduğu sonucuna varılır.

İnkarı Başka Bir Şeye Aktarmak

Bir keresinde tecavüze uğramış bir kadınla çalıştım. Bana "cinsel istismara uğradığı" için o kadar üzülmediğini, ancak tecavüz sırasında paltosunun mahvolması ve bir tane daha alamayacağı için daha fazla üzüldüğünü söyledi. Tecavüzden cinsel istismar olarak bahsettiğini fark edebilirsiniz ki bu da bir başka bir inkar tabakasıdır.

İnkar ettiğini hemen anladım. Bunun paltoyla ilgili olduğunu söylediğinde onu yargılamak kolay olurdu. Anladığım şey onun için bu durumun paltoyla ilgili olduğuydu. Öfkesini paltoya aktarmıştı ve başka bir palto için harcayacak parası yoktu. Bu onun inkâr biçimiydi - zihni ona ne olduğuna değil, ceketine ne olduğuna odaklanmıştı.

İnkar etmeyi anlamanın anahtarlarından biri, kendinizin hangi noktada olduğunu kabul etmektir. Çoğu zaman danışanlarım ve atölye katılımcılarım inkar içinde yaşadıkları gerçeğine uyanırlar ve bu ilk başta oldukça şok edici olabilir. Bulunduğunuz yerde kendinizle tanışmak, deneyimlediğiniz herhangi bir inkarın kırılmaya başlamasına yol açacaktır.

GÜNLÜK TUTMA EGZERSİZİ: İNKAR ALANLARINI KEŞFETMEK

Hayaller, ne düşündüğümüzü ve bir şeyi nasıl doğru olarak gördüğümüzü (aslında yalan olduğu zaman) kanıtlamak için bir durum hakkında yarattığımız hikayeler olabilir, bu yüzden inkar etmeye devam ederiz.

Anda yaşamak yerine hayallere çekildiğiniz herhangi bir yeri düşünün. Kafanızda ne tür hayaller yaratıyorsunuz? Onları ne zaman yaratmaya başladınız? Hangi amaca hizmet ediyorlar?

Hangi inkar düzeyinden hareket ediyorsunuz? 7/24 inkar içinde mi yaşıyorsunuz yoksa inkarın içinde ve dışında tetiklendiğinizi fark ettiniz mi?

İstismar eylemini başka bir şeye mi aktarıyorsunuz yoksa ne olduğunu söylemiyor musunuz? Yaşadıklarınızı isimlendirebilmek için ne tür bir desteğe ihtiyacınız var?

#2 SAVUNMA

4D'lerin ikincisi Savunmadır. Savunma, muhtemelen 4D'lerin en bariz olanıdır, çünkü bu genellikle dış dünyamızdaki bir şeye veya birine anında verilen bir tepkidir.

Savunma, iç kargaşamızın dış ifadesidir. Ara sıra ortaya çıkan bir savunma patlaması olarak ortaya çıkabilir. Ancak birçok insan için bu, aşırı tetikte, 7/24 yapılan bir duruştur. Sürekli sopayla dürtülen kafesteki bir hayvan gibi. Savunma, korkunun dışa vurumudur. Baskın mesajı şudur: "Yanıma gelme yoksa seni öldürürüm."

Görünmez Kirpi

Biri size doğru geldiğinde kendinizi hiç huysuz hissedermisiniz? Savunmanın en önemli işaretlerinden biri benim "görünmez kirpi" dediğim şeydir. Hayatınızın bir noktasında dünya sizin için güvenli değildi. Böylece kendinizi korumak için "dikenler" yarattınız. Daha gençken, muhtemelen dikenlerinin istismarcıyı uzak tutacağını umuyordunuz. Ama şimdi bu, sevgiyi, parayı ve diğer her şeyi güvenli bir mesafede tutuyor. Onları sizi korumak için yaratmış olsanız bile, sonunda önünüzdekileri çarpıtmanıza veya güvenmemenize neden olurlar.

Görünmez kirpi fenomeni, dışarıdan ve içeriden tetikte ve aşırı tedbirli olmak anlamına gelir; bu kolaylıkla bir çeşit tükenmişlikle birlikte, adrenalin veya otoimmün bozukluğu da yaratabilir. Bunlar elbette, ilişkilerdeki ve kariyerdeki tüm çatışmalarla yanyanadır.

Görünmez kirpiyi dışa vursanız ve bu genellikle savunma olarak ortaya çıksa da, kendinizi bunu içselleştirirken de bulabilirsiniz. Bu dikenler içeri dönerek sizin iyiliğinize, nezaketinize, cömertliğinize ve minnettarlığınıza nüfuz edebilir. Bu, depresyon, anksiyete, psikolojik sorunlar, sağlık sorunları ve finansal sorunların yanı sıra daha da dışa dönük ifadelerle kuşkuculuğa yol açarlar.

Kirpi savunması sizin için daha gençken çalışmaya başlamış olsa da, yaşamın ilerleyen dönemlerinde, rüyanızı yaşamanızı engellemeye hizmet etmeye programlanmış veya kökleşmiş koşullu bir yanıt sistemi haline gelir. Dikenler arzu ettiğiniz hayatı almanızı engeller çünkü onu almak size çok tehlikeliymiş gibi gelir. Bu savunmayı kullanmak, sizi hem dışarıdan hem de içerden dürten iki ucu keskin bir kılıç haline gelir.

Benim için alıp kabul etmek, her zaman yargılanmayı da kabul etmek anlamına geliyordu. Bu aynı zamanda annemin beni dövmemesi için söylediklerini yapmak anlamına da geliyordu. Almak (kabul etmek) umutsuzca beslenme arzusuyla onun gerçekliği olmak ve bu gerçekliği yaşamak demekti. Ondan alıp kabul etmek istedim, ama her yaptığımda, istediğim şey bu değildi, bu da kirpinin dikenlerini hem içe hem de dışa doğru daha güçlü hale getirdi. Sonuç olarak beni daha savunmacı yaptı.

Savunmayı eritmek

Savunma mizahla eritilebilir. Fakat bu uygun bir mizah olmalı, çünkü birisi savunmanıza uygunsuz bir şekilde gülüyormuş gibi hissederseniz, bu daha fazla geri çekilmenize neden olabilir. İnsanlarla çalışırken, genellikle mizahla savunmayı kırarım. Bu 7/24 arka planda devam eden aşırı tebirli duruşun, gidip bir kahve molası vermesine izin verir. Sinir sisteminin yumuşaması için bol miktarda izne ve alana ihtiyaç vardır.

YouTube'da gördüğünüz bir köpeğin ihmal edildiği ve terk edildiği videoları düşünün. Önce hırlayarak ve havlayarak kendini savunabilir. Ama sonra bir şefkat gösterildiğinde, savunması aşağı inmeye başlar. Bu, içinizdeki kirpinize ve savunmanıza uygulamanız gereken türden bir yaklaşımdır. Dikenlerinizin aşağı inmesi için size yardımcı olacak maharetli bir insana da ihtiyacınız olabilir.

GÜNLÜK TUTMA EGZERSİZİ: İÇSEL KİRPİNİZ

Kendinizi ne sıklıkla ve yoğunlukta savunmaya yanıt verirken buluyorsunuz?

Kendinizi "zarar görmekten" koruyabilmek için reddedilmeyi önceden hissettiğiniz zamanlar var mı?

Ne tür durumlar, insanlar veya yorumlar içinizdeki kirpininizi tetikliyor? Kendinize dikenlerinizi yukarıda, silahlı ve savunmaya hazır tuttuğunuz hangi hikayeleri anlattınız?

#3 BAĞLANTIYI KESMEK

Bağlantının kesilmesi, zihninizi bedeninizden, bedeninizi zihninizden ayırmanın sürekli bir halidir. Kendinizi, kendinizle olan ilişkinizden ayırmanın yaygın bir halidir.

Bağlantınız koptuğunda, kendinizi aç olduğunuz için yemek yemekten ziyade duygusal bir ihtiyacı karşılamak için sık sık yemek yerken bulursunuz. Hayatınızdaki her şey, asıl sorunun gerçekte ne olduğunu görmezden gelmenize yardımcı olmak için üretilecektir. Kendinizi, daha ve daha fazla ayrılmanızı sebep olan bir dizi dikkat dağıtıcı şey geliştirirken bulursunuz.

İstismar eyleminde bağlantınızı kesmeyi öğrendiniz. Bu, bedeninizin eylemi bölümlere ayırmasının bir yoluydu, böylece istismarı yaşarken orada mevcut olmak zorunda kalmazdınız. Mesele şu ki, olaydan sonra da bunu yapmaya devam edersiniz çünkü bedeninize bağlı olmak, bedeninizin hissettiklerini veya deneyimlediklerini hatırlaması anlamına gelebilir. Sizi güvende tutan strateji, bedeninizle besleyici, hatta neşeli olasılıkları deneyimlemekten sizi uzaklaştıran strateji olabilir.

Bağlantınızı kestiğinizde, bedeninizin dışındaymışsınız gibi bir his yaşayabilirsiniz. Suistimal eylemleri nedeniyle bağlantısı kesilen pek çok insan, ayaklarını yerde hissetmediklerini veya aslında bedenlerinin dışında yaşıyormuş gibi hissettiklerini söylerler. Bölünmüş gibi yaşadığınızı hissettirebilirsiniz. Buradasın ama aynı zamanda burada değilsin. Dünyada faaliyet gösterebilirsiniz, ancak diğer insanlar sizde bir tuhaflık olduğu hissine kapılabilirler. Buna karşılık, bağlantısı kesilmiş biriyle karşılaştıysanız, genellikle onlarla sohbet ederken dalgın ya da çok uzaktalarmış hissedersiniz.

Eğer bağlantınız kopuk yaşıyorsanız, muhtemelen bunu yapmanıza olanak sağlayacak bir dizi stratejiniz vardır. Unutmayın, istismarı deneyimlediğinizde hissettiklerinizi hissetmekten sizi korumaya çalışan tek şey bedeninizdir. İster yiyecek, alkol, alışveriş, uyuşturucu veya ilaçla uyuşuyor olun, özellikle bedeninizle bağlantı kurduğunuzda rahatsız olduğunuz için, kendiniz ile bağlantınızı kesmenize yardımcı olacak yollar ararken bulabilirsiniz.

Bağlantınızı kesmişseniz, farkedeceğiniz bir diğer şey, sürekli yanlış anlamalardır. Kendinizden uzakta veya kendinizin dışında yaşadığınızda, gerçek benliğinizle veya sizin için doğru olanla, doğuştan gelen bağlantınızı kaybedersiniz.

Evet demek istediğinizde kendinizi hayır derken bulabilirsiniz ve bunun tersi de olabilir. Belki bir şeye üzüldüğünüzde güler ve mutlu olduğunuzda ağlarsınız. Sanki her şey çarpıklaşır. Ancak daha da derin bir açıdan bakıldığında, suistimal konusunda çarpık bir mizah anlayışı geliştirdiğinizi görebilirsiniz. Bazı insanların tecavüze uğradıkları gerçeğinden bahsederken şaka yaptıklarını fark ettim. Bunu yapmak, bu bağlantınızın kopmasına izin veren bir savunma mekanizmasıdır.

Kendini Boşama (Ayrılma)

Radyo programlarımdan birinin adı, *Kendini Boşamanın Çılgınlığını Durdurmayı Seçme* idi. Access Consciousness® olarak bilinen bir tekniğin yaratıcısı olan Gary Douglas ile birlikte bu programı yapmıştım. Gary'nin şovda vurguladığı şey, bize istismar hakkında söylenenleri nasıl benimsediğimizdi. İstismar mağduru olduğumuza inanmaya programlandık. Buradaki zorluk, bir kurban zihniyetinden hareket ettiğimizde, istismar enerjisini bir yere kilitlememizdir. Programda Gary şunları vurguladı:

İstismarla ilgili olan şey, bir kez istismara uğradığınızda, onu bedeninize kilitlemeye meyilli olmanızdır, çünkü bedeniniz istismara maruz kalır. İşleri daha iyi hale getireceğini düşünerek bunu çok gerçek, önemli ve anlamlı kılmayı öğreniyoruz. Aslında sonuç böyle değil.

İsitsmar eylemini önemli ve konu ile alakalı hale getiririz ve tüm dikkatimizi buna odaklanırız. Başka ne yapacağımızı bilmediğimiz için, bu içimizde kilitli kalır. Her gün yeniden yaşarız. Sonuç olarak, yaratmak yerine durgunluk yaşarız. Gerçekte, bizi güçlendiren ve bizi geçmişteki eylem(ler)in ötesindeki parlaklığımıza bağlayan ve öğrendiklerimizi kabul eden farklı bir seçim yapma fırsatı olduğunda, bizi tanımlamasına izin veririz.

Programda Gary, deneyimlerimizin bizim için en değerli şey olduğuna inanmaya nasıl programlandığımızı da vurguladı. Yine de hakkımızda en değerli şey seçme kapasitemizdir. İstismarı iyileştirme stratejilerinden biri artık kendinizi bununla tanımlamak değil. Bunu yapmak için, kendinizden boşanmayı ve kendinizle olan bağlantınızı kesmeyi bırakmalısınız.

Bağlantı Kesilmesi Nasıl Durdurulur

Kendinizle bağlantınızı kesme kalıbını durdurmak için, önce bunu yapmak için kullandığınız stratejileri aramanız ve kabul etmeniz gerekir. Sizi bedene geri döndüren her şey, kendinizle daha bağlantıda hissetmenizi sağlayacaktır. Ama her şeyden önce, kendi bedeninizde olma konusunda iyi hissetmelisiniz, çünkü bağlantının kesilme stratejisinin bir nedeni vardır. Bu nedenle, kendinizi kendinizden ayırmanıza neden olan suistimal hakkında sahip olduğunuz temel inançlara bakmamız gerekir. Yemek ya da diğer dikkat dağıtıcı şeylerle kendinizi uyuşturmayı bırakmanızı öneririm, ancak bunu yapmanızın altında yatan nedenle yüzleşmediyseniz, o zaman bedeninize geri dönmeniz pek olası değildir. Bu kitap, istismarın ötesine geçme konusunda tamamen yeni bir sohbet açmak için tasarlandı. Buradaki amaçlardan biri, kurban zihniyetinin ötesinde ve istismar yoluyla kendinizi tanımlamanız gerektiğine dair sabit bakış açısının ötesine gidebilmeniz konusunda size yardımcı olmaktır. Bakış açısındaki değişim, kendinizle yeniden bağlantı kurmanızın yolunu açabilir.

EGZERSİZ: BAĞLANTIYI KESME YOLLARININ TANIMLANMASI

Bağlantıyı koparmak bedeninizde nasıl ortaya çıkıyor? Bağlantınızı kopardığınızda veya belli bir kısmına çekildiğinizde bedeninizi terk ettiğinizi hissediyor musunuz? Nereye gidiyorsunuz? Bağlantı kopukluğu sürekli gibi mi geliyor size, yoksa içeri ve dışarı tetikliyormusunuz?

Kimliğinizin ne kadarı istismar kurbanı olmak etrafında oluştu? Sizi mevcut gerçeklik modelinize kilitli hissettiren bedeninizde hangi koşullu tepkileri tutuyorsunuz?

#4 AYRIŞMA

4D'lerin en yaygın olanı ayrışmadır. Ayrışmada suistimal bedene o kadar kilitlenmiştir ki, buradan işlev görürüz. Suistimal kafesine kilitlendik ve buradan yaşıyoruz. Bu gerçekliğimizi filtrelediğimiz sürekli ve aşırı tedbirli olma halidir. Bir parçanız sürekli "tavanda" veya başka bir dünyada yaşar. Genellikle travma sonrası stres bozukluğu (TSSB) gibi durumlar olarak kendini gösterir.

Ayrışma, sürekli bir donma ve uyuşma halidir. Bu durumda yaşadığımızda bedende dolaşan yüksek düzeyde stres hormonlarından dolayı, süreç uzadığında kronik fiziksel sağlık sorunlarını tetikleme potansiyeline sahiptir. Ayrıca daha yoğun psikolojik hastalıklara ve bölünme bozukluklarına da yol açabilir. Aşırı durumlarda, bu kitabın kapsamı dışındaki bir konu olan çoklu kişiliğe neden olabilir.

Özetle, 4D'ler, bizi geçmişimizin suistimaline kilitleyen ve bu gerçeklikte arzu ettiğimiz gibi yaşamayı seçmemizi engelleyen görünmez kafesin duvarlarını oluşturur. İnkar, savunma, bağlantıyı kesme ve ayrışma, sizi kutunun içinde tutan 'duvarlardır' ve kafesinizdeyken, o kutunun alanındayken farklı bir şey yaratamaz veya üretemezsiniz. İstismar bu şekilde içe döner ve aynı anda hem fail hem de kurban olursunuz.

İstismarla mücadele ederken, yarattığınız fantezi bazen yaşadığınız gerçek hayattan daha iyi görünebilir. Kafeste kilitli olmak, güvende hissettirir. Yarattığınız fantezi dünyasına bakmak ve onun ötesini yaratmak için kendinize meydan okumak, kararlı bir farkındalık gerektirir. Şimdi kafeste yaşamaya eşlik eden belirli duygulara bir göz atalım.

3
ÜÇÜNCÜ BÖLÜM: İSTİSMARIN DUYGULARI

Bu bölümde, istismarın tanıdık duygularını keşfedeceğiz. Bazılarını veya hepsini tanıyor olabilirsiniz. Şimdiye kadar, onların ne olduğunu ifade etmemiş olabilirsiniz. Arka planda kalan, genellikle isimsiz veya sessiz kalan gölgenin bir parçasıdırlar. Onları isimlendirdiğimizde güçlerini kaybetmeye başlarlar. Artık üzerimizde aynı etkiye sahip değillerdir.

Duygusal olarak daha bilinçli olmak, Radikal Canlılığa doğru ilerleme sürecinin bir parçasıdır. Yaşadığınız duyguları ifade etmeye ve tanımlamaya başladığınızda, onların ötesine geçmeye ve güçlü ve radikal canlı olma ile rezonansa giren daha etkili duygu durumlarına geçmeye başlayabilirsiniz.

Duygular ve Harmonik

Her duygunun farklı bir titreşimi vardır. Daha düşük duygular, daha düşük bir frekansta işler. Bunun tersi daha yüksek duygular için de geçerlidir. Bu nedenle, düşük titreşim durumlarında olduğumuzda 'düşük' ve yüksek düzeylerde olduğumuzda 'yüksek' hissettiğimizi söyleriz, biz insanlar bunu içsel olarak anlarız. Bu gerçeklikte, daha düşük veya daha yüksek bir harmoni durumundan işleme seçeneğine sahibiz. Daha yüksek harmoni durumundan işlediğimizde, yaşamı, tetikleyiciler, kalıplar ve programlar yerine farkındalık yoluyla deneyimleriz. Burada anlar veya dönemler yaşamış olabilirsiniz. Böyleyken hayat daha akışta ve uyumludur. Yaşamı daha yüksek harmonideyken daha fazla birlik olma ve daha fazla mevcudiyetle deneyimlersiniz. Düşük duygular ayrı ve izole hissettirirken, yüksek duygularda bizimle evren arasında bir ayrım olmadığını hatırlarız. Doğulu manevi öğretilerin çoğu bize bunu hatırlatır ve hayatı daha yüksek harmoniden yaşamayı vurgularlar.

Hisler ve duygular, bu gerçekliğin daha düşük harmonik halinin bir parçasıdır. Onlarla sıkışıp kalıyoruz ve onların bir seçim olduğu bize öğretilmiyor. Aslında, duygularımızın kurbanı olduğumuza inanmaya programlandık ve kontrolümüz dışında olduklarını hissederek arkamıza aldığımız rüzgar ile işliyoruz.

Daha önce vurguladığımız gibi, suistimalden sonra ayrılamadığımız bazı baskın duygular vardır. Bizim için temsil ettikleri daha düşük harmonik frekanslarla birlikte onların içinde genelde sıkışıp kalırız. Birinci Bölümde tartıştığımız karşıt (anti) - sen ile bağlantı kurarlar. Bu duygusal durumlara hapsolduğumuzda, kendimizi gerçekte kim olduğumuzun tersi olan bir enerjiye, alana ve bilince indiririz. Bu duygular bizi 4D'lerde, özellikle inkar ve savunmada kilitli tutar. Duygusal durumumuz alt harmonilerdeyken, etrafa saldırmak alışkanlık haline gelir ve böylece döngü derinleşir. Onları yanlışlıkla sabit gerçekliğimiz yaparak, bu duruma geçiş yaparız. Alışkanlık haline gelirler, çünkü belirli bir frekansta ne kadar çok rezonansa girersek, bize o kadar daha tanıdık ve güçlü gelirler. Bazen konfor alanımızda kalmamızın nedenlerinden biri de budur, ki bu aslında "rahatsızlık" alanımızdır. Acı verici olmasına rağmen, rezonansı tanıdıktır ve onu kabul etmeyi ve onunla yaşamayı öğrenmişizdir.

Bu duygular, aynı zamanda hayata direndiğimiz ve onu reddettiğimiz anlamına gelir - aslında bunlar fiziksel sağlığı, ilişkileri ve mali durumu etkileyen bu direncin yakıtıdır. Onlarla yüzleşmek ne kadar zor olsa da bu, gerçek özünüzü ve benliğinizi geri kazanma sürecinin bir parçasıdır ve size seçme gücü vererek radikal canlı yaşam yoluna girmenizi sağlar. Duygularınız tarafından hükmedilmediğinizde, radikal canlılık sizin doğal yüksek titreşiminiz haline gelir.

UTANÇ

Utanç, şansın önündeki bir başka engeldir çünkü bize iyi talihi - aşkı, mutluluğu ve başarıyı - hak etmediğimizi hissettirir. Aynı zamanda utanç şansı da sınırlar, çünkü bizi geçmişin alanında yaşamaya, utanç alanında yankılanmaya ve şansın gerçekleştiği şuan ve burada olamamaya mahkum eder.

— *GAY HENDRİCKS AND CAROL KLİNE,*
CONSCİOUS LUCK

İstismar söz konusu olduğunda suçluluk ve utanç arasında bir fark vardır. Suçluluk, "Bir hata yaptım ve özür dilerim"dir. Yolunuza devam edersiniz. Oysa utanç, "Ben bir hatayım"dır. Bu nedenle, çoğu zaman birisi istismarın ötesine geçmeye çalıştığında, gerçekten yanlış veya kusurlu oldukları utanç inancının ötesine geçmek zorundalardırlar. O olayda, çevre, suçu işleyen kişi belli bir şekilde kusurludur. Gündemlerinde bu şekilde davranmalarına neden olan bir şeyler vardır. Ve onların hikayesini siz kendi kimliğiniz olarak almışsınızdır.

İstismardan Sonra Yaratmak

Utanç, istismarın en tanıdık duygusudur. O istismarla ilgili sakladığınız tüm sırlardan üretilir. İstismarı başkalarından saklamanız söylenmiş olabilir ya da doğruyu söylerseniz bir takım sonuçlarla tehdit edilmiş olabilirsiniz. Alternatif olarak, istismar, tartışılmayan veya açıkça ifade edilmeyen bir şekilde gerçekleştirilmiş de olabilir. Bu gerçekleşti ve yaşam şartlarında bu durum normalleştirildi, ancak daha derin bir parçanız başınıza gelenleri nasıl ifade edeceğini bilmiyordu. Alternatif olarak, olanları dile getirmeye veya ifade etmeye cesaret etmiş olabilirsiniz ve yalan söylediğinize dair yargılamalarla veya iddialarla karşılandığınızı hissetmişsinizdir. İstismarın ifade edildiği ve şefkatle ele alındığı durumlar daha az yaygındır çünkü birçok ailede eğer istismar kabul edilir ve sahiplenilirse, o zaman bir şeylerin değişmesi gerekir. Evlilikler bozulur. Sevdikleri kişiler mahkemeye giderler. İnsanlar için farkındalıklarını kesmek ve bunun gerçekleştiğini inkar etmek, gerçeğin sonuçlarıyla yüzleşmekten çok "daha kolaydır".

Böylece, istismarın utancı içe döner. Hasarlı veya kusurlu olduğunuzu hissedersiniz. Kendi yanlışlığınıza hüküm verirsiniz. Sırrın kendisi olursunuz ve bunu yaparak artık kendiniz olamazsınız. Utanç hakkındaki acımasız şaka, sakladığınız şeyin yüzde doksanının aslında kendinizden saklıyor olmanızdır, çünkü bunu yapmaya programlanmışsınızdır. Gizliliğe katlanmak için, çarpık bir inkar biçimiyle bunu kendinize çevirirsiniz. Bu, artık kendinizle birlik olamayacağınız anlamına gelir.

Utanç, içinizde bir ağırlık ve yoğunluk olarak tezahür eder. Gözleriniz yerde ve başınız aşağı sarkık şekilde dolaşırsınız. Bu somurtarak yaşamak gibidir ve bu tetiklendiğinde yüzünüzde bir dönüşüm ve çekilme oluşur. Utanç, içeride kim olduğunuzu da çarpıtır. Bir utanç bulutunun içinde dolaşırken gerçek bir yakınlığa (in-to-me-i-see = içimde, görüyorum) sahip olamazsınız. Her etkileşimde, gerçek benliğinizin bu olmadığını bilirsiniz, bu da daha fazla utanç yaratır ve daha da fazla saklanmanıza neden olur. Döngü devam eder, suistimal kafesini ortaya çıkaran her an, kafes size daha da yakınlaşır.

İşte utancın kozmik şakası: kimse bu deneyimi yaşadığınızı bilmesin diye, tüm hayatınızı onu bedeninize hapsederek, kendinizi her türlü hastalığa (fiziksel, zihinsel, duygusal ve ruhsal) açarak geçiriyorsunuz. Hatta bu gezegendeki insanların çoğu bir şeyler saklıyor! Öyleyse utancın kaynaklarını nasıl zayıflatırsınız? En iyi yollardan biri, bu konu hakkında gerçek bir sohbete girmektir - suistimali çevreleyen gizliliğin dışına çıkmak.

Sizin Hikayeniz ve Utancınız – Bu Sizin için ve Sizinle İlgili Ne Anlama Geliyor?

Bazen değişimi kolaylaştırmak için insanlarla çalıştığımda, istismarın ötesine geçmek için biraz geri adım atarım ve onlarla beraber her ne olduysa durumun provasını yaparım. Bu, hikayelerinin kendileri ve onlar için ne anlama geldiğini ve bugün hala bunu nasıl yaşadıklarını sahiplenmeyi, talep etmeyi ve kabul etmeyi içerir. Bir çok danışanım için cinsel, fiziksel veya duygusal olarak istismara uğramak, hasarlıymışlar hissini uyandırır.

Hikayenizi ve utancınızı nasıl yorumladığınızı anlamak - sizin için ve sizin hakkınızdaki anlamı - yeni bir seçim belirlemenize ve yeni bir hikaye oluşturmanıza yardımcı olabilir. Ona yüklediğiniz anlamın, deneyimleyebileceğiniz geleceği - yani neşe, mutluluk ve özgürlüğü - nasıl sınırladığını görmenize yardımcı olur. Ne zaman birisiyle hikayesinin bağlılıkları üzerinden geçsem, hemen her zaman gördüğüm şey, her şeyi bir arada tutan yapıştırıcı utanç ve onunla özdeşleşmeleri, dolayısıyla onların gerçekte kim olduklarına inanmalarıdır.

Siz utancınız değilsiniz. Bu sadece hissetmeye alıştığınız bir şey.

Bu kitap yargılama ile ilgili değil. Bir olmakla ilgili. Bu sohbeti gerçekten istismarı ortadan kaldırmak için bir hedef olarak kullanmakla ilgili. Bu, faillerinizin de kendi programlarından işlediklerini kabul etmeyi ve onlara enerjik bir düzeyde, istismarın ötesine geçmeleri için yardım etmeyi de içerir.

> *"..ebeveynleriyle sorunu olan birçok insandan biriyseniz, yaptıkları veya yapmadıkları bir şeye hâlâ kızgınsanız, o zaman hala bir seçenekleri olduğuna inanıyorsunuz - farklı şekilde davranmış olabilirlerdi. Her zaman insanların bir seçeneği varmış gibi görünür, ama bu bir yanılsamadır. Zihninizin koşullu kalıplarıyla hayatınızı yönettiğiz sürece... ne seçeneğiniz var?"*
>
> — ECKHART TOLLE, ŞİMDİNİN GÜCÜ

Utanç duyduğumuz sürece istismarı sürdürürüz. Hikayeyi açığa çıkartmadığımız sürece, bedenimizde istismarı devam ettiririz. Utançla özdeşleştiğimizde onu bedenlerimize kitleriz. Ve bunu yaptığımızda, kendimizi hastalığa ve sınırlı olasılıkların olduğu bir hayata açarız. Kafesimizde kilitli kalıyoruz ve bu, kendimizin tanrısı olmak yerine, suistimal durumunu tanrımız yapıyor. Elbette, dini anlamda "Tanrı" dan bahsetmiyorum, ancak kendi gerçekliğinizi yaratmak için sahip olmanız gereken güce işaret ediyorum.

ENERJİ EGZERSİZİ: UTANÇ VE YARGININ SERBEST BIRAKILMASI

Bu egzersiz, kusurlu veya hasarlı bir ürün olduğunuza dair tüm algınızla birlikte, utançla ilgili sahip olduğunuz tüm enerjiyi serbest bırakır. Bununla birlikte, onu ne zaman hissederseniz ve hissetmeye devam ederseniz, utancı - tüm gizli, konuşulmamış, onaylanmamış veya açıklanmayan sırları veya gündemleri de dahil - yeryüzüne salıverebilirsiniz.

Parmaklarınızı kullanarak, ayağınızdan başlayıp başınızın tepesine kadar bedeninizin önünde ve arkasında utanç enerjisini topladığınızı hayal edin. Yüksek sesle, "HAYIR, ARTIK İSTİSMAR YOK. BU BENİM BEDENİM VE BENİM SEÇİMİM! BENİM HAKKIM!" deyin ve enerjiyi önünüzdeki toprağa atın.

Enerjinin yeryüzüne yayıldığını ve salıverildiğini hayal ederken bunu en az 3 kez yapın. Bunu öfke, üzüntü ve diğer duygularla da yapabilirsiniz.

Daha sonra, enerjinizdeki herhangi bir artış veya olumlu etkiyi not edin.

*Access Consciousness®'dan uyarlanmıştır

ÜZÜNTÜ

Üzüntü, içe döndürülmüş öfkedir. Bunu dışa vurma şansınız olmadığından onu kendinize karşı kullanıyorsunuz.

Üzüntü içinde yaşadığınızda, aslında kurban bilincinde oturursunuz. Bu, sizi sıkışmış ve hareket edemez durumda tutan bir bataklıktır. Üzüntüyle ilgili zorluk, toplumun suistimal hakkında sahip olduğu iyileştirilmesi zor öngörüsüdür, bu duyguyu pekiştirir. Suistimalden dolayı üzüldüğümüzde, bunun başımıza gelmemesi gerektiği inancıyla işleriz.

Hayatta hiçbir zorluk olmamalıdır şeklinde sürdürdüğümüz yaygın görüş şeklimiz aslında yanlış bir kanıdır. Buradaki inanç, hayatın sorunsuz ve kesintisiz olması gerektiği varsayımını içerir. Bu filtreden işlerken, başımıza bazı şeyler gelir ve bir şekilde hayat tarafından aldatıldığımızı hissederiz. İstismara kurban bilinci merceğinden baktığımızda, bu bir insanın başına gelebilecek en kötü şey haline gelir ve istismarı dönüşümsel bir yaşam deneyimi olarak kullanma kapasitemizi kaybederiz.

Üzüntü içinde sıkışıp kaldığımızda, artık bir seçeneğimiz olduğunu hissetmeyiz, çünkü bunun ötesine asla geçemeyeceğimiz görüşünden hareket ederiz.

Psikolojide, deneyimimizi en yüksek potansiyele ulaştırmak için bir şekilde faydalı olarak görebilme becerisine "Travma Sonrası Büyüme" denir. Zorluklarımız sayesinde daha da güçlendiğimizi ve zenginleştiğimizi düşünmemizi sağlar. Zorluklara yanlışlık olarak baktığımızda, deneyimlerimizi bu şekilde göremeyiz.

GÜNLÜK EGZERSİZİ: GÖRÜŞ ALANI

Ne yoğunlukta üzüntü duygusundan hareket ediyorsunuz? Ne tür durumlar onu tetikliyor? Nasıl ortaya çıkıyor? Bedeninize nasıl hissettiriyor?

Bu duyguya eşlik eden güçsüzlük hissini tanıyor musunuz? Bir üzüntü durumuna girdiğinizde deneyimlediğiniz tanıdık düşünceler nelerdir?

Bu egzersizi tamamladığınızda yukarıdaki Enerji Egzersizini tekrarlayabilirsiniz. Utanç ve yargılama yerine, bu sefer üzüntü duygusunu salıverin.

Parmaklarınızı kullanarak, ayağınızdan başlayıp başınızın tepesine kadar bedeninizin önünde ve arkasında üzüntü enerjisini topladığınızı hayal edin. Yüksek sesle, "HAYIR, ARTIK İSTİSMAR YOK. BU BENİM BEDENİM VE BENİM SEÇİMİM! BENİM HAKKIM!" deyin ve önünüzdeki toprağa atın.

Enerjinin yeryüzüne yayıldığını ve salıverildiğini hayal ederken bunu en az 3 kez yapın.

Daha sonra, enerjinizdeki herhangi bir artış veya olumlu etkiyi not edin.

ÖFKE VE HİDDET

Öfke bir yaşam gücü enerjisi kaynağı olabilir ve odaklı ifade edildiğinde mevcut durumunuzun ötesine geçmenize yardımcı olabilir. Ancak etkin kullanılmadığında, sizi daha çok şüphe ve güvensizlik içinde tutan bir zehire benzetilebilir.

Hiddet, içe döndürülmüş öfkedir. Bu, kontrol edilemeyen bir öldürme enerjisidir ve içsel durumunuzun dışsal patlamasıdır. "Bütün bunlardan nefret ediyorum" diyen volkanın parçalanmasıdır. Böyle kalıcı bir durum yaşadığınızda, genellikle hiddet ve depresyon arasında gidip gelirsiniz.

Biyokimyasal açıdan, bedeninizdeki kortizolü artırmadan ve DHEA'yı düşürmeden önce öfkenizi ne kadar tutabilirsiniz, çünkü bu yüksek stres durumudur. Bu, tekrar öfkeye dönmeden önce, bedenin artık hiddeti kaldıramayacağı noktada, uzun depresyon nöbetleri ile inişi çıkışlı duygulara yol açabilir. Bizi, çevremizdeki insanlar aksini göstermeye veya söylemeye çalıştıklarında bile, sadece olduğuna inandığımız şeyleri görmeye yönlendiren, gerçeklik algımızı bozan, ciddi şekilde tüketen bir döngüdür. Bu döngüde yaşayanlar genellikle başkaları tarafından "acı (tatsız)" olarak yargılanırlar. Hiddetin çekimi çok güçlü olduğu için etrafta olmanın zorlayıcı bir frekansı olabilir.

Yapabileceğimiz şeylerden biri, bu daha toksik hiddet biçimlerini alıp onları bir değişim aracı haline getirmektir. Hiddetten kurtulmanıza ve bu enerjiyi dönüşüm için bir araç olarak kullanmaya başlamanıza yardımcı olmak için yetenekli bir kolaylaştırıcı gerekebilir. Hiddet dolu bir yerden hareket ediyorsanız, bu zaman zaman iyi hissettirebilir veya en azından depresyona tercih edilebilir, çünkü hiddetinizi ifade ettiğinizde bir şeyler ilerliyordur.

Buradaki beceri, zorluklarınızı güçlendiren bir enerjiden ziyade,
bu enerjiyi size hizmet eden bir yönde hareket ettirebilmektir.

Bunu yapmanın ilk adımı, hiddet döngüsüne yakalanmış olup olmadığınızı fark etmek ve kabul etmektir.

GÜNLÜK TUTMA EGZERSİZİ: GÖRÜŞ ALANI

Buradaki amaç, her duyguyu farklı kılmak, böylece onları ayırabilmek ve bedeninizin müttefikiniz olmasına izin vermektir.

Elinizi bedeninizde öfke hisseden kısmına koyun. Şimdi elinizi bedeninizide hiddet hisseden kısmına koyun. Öfke ve hiddet arasındaki farkı veya benzerliği belirleyebilir misiniz? Sizin için en baskın olan hangisi?

Kendinizi öfke ve depresyon arasında gidip gelirken buldunuz mu?

Bakış açınızı ifade etmek için öfke kullanmayı deneyimlediniz mi?

Öfke gücü ile öfke patlaması arasındaki farkı belirleyebilir misiniz?

Bu egzersizi tamamladıktan sonra, yine yukarıdaki Enerji Egzersizini, bu sefer öfke ve hiddet duyguları ile tekrarlayabilirsiniz.

Parmaklarınızı kullanarak, ayağınızdan başlayıp başınızın tepesine kadar bedeninizin önünde ve arkasında öfke ve hiddet enerjisini topladığınızı hayal edin. Yüksek sesle, "HAYIR, ARTIK İSTİSMAR YOK. BU BENİM BEDENİM VE BENİM SEÇİMİM! BENİM

HAKKIM!" deyin ve önünüzdeki toprağa atın. Enerjinin yeryüzüne yayıldığını ve salıverildiğini hayal ederken bunu en az 3 kez yapın.

Daha sonra, enerjinizdeki herhangi bir artış veya olumlu etkiyi not edin.

KORKU

Korku, sıkışıp kaldığınız, donduğunuz ve uyuştuğunuz bir durumdur. Korku içinde yaşadığınızda, akıntıya karşı ve bir yıkım bölgesine ilerlersiniz. Bu, dış dünyanızda travmatik gibi görünen şeye sürekli olarak kendinizi hazırladığınız otomatik bir yanıt sistemidir.

Korku içinde yaşadığın zaman, birisi her zaman sizinle uğraşacak, sizi mahvedecek, sizden faydalanacak, sizi incitecek, sizi reddedecek ya da terk edecektir ve genelde bunun karşınızdaki kişiyle hiçbir ilgisi yoktur ve çoğu zaman kendinizi onlara, kendi gerçeklik versiyonunuzu yansıtırken bulursunuz.

Sürekli bir korku durumunda yaşadığınızda, asla anda olamazsınız.

Korku, neredeyse her zaman, daha önce olanlar için referans noktanız olarak geçmişe gitmeyi ve onu geleceğe yansıtmayı içerir.

GÜNLÜK TUTMA EGZERSİZİ: YANSIMA NOKTALARI

Ne yoğunlukta korkudan işliyorsunuz? Elinizi bedeninizde korku hisseden kısmına koyun.

Ne tür durumlar onu tetikliyor? Nasıl ortaya çıkıyor? Bedeniniz nasıl hissediyor?

Geçmişe geri döndüğünüzü fark edebiliyor musunuz ve sonra şimdide benzer şeyler mi arıyorsunuz? Şu anda işlerin ters gideceğine dair kanıt mı arıyorsunuz? Korku döngüsü başladığında kendinizi yakalamak için hangi stratejileri uygulayabilirsiniz?

Bu egzersizi tamamladıktan sonra, yukarıdaki Enerji Egzersizini tekrarlayarak bu sefer korku duygusu ile yer değiştirerek tekrarlayabilirsiniz.

Parmaklarınızı kullanarak, ayağınızdan başlayıp başınızın tepesine kadar bedeninizin önünde ve arkasında korku enerjisini topladığınızı hayal edin. Yüksek sesle, "HAYIR, BU GERÇEK DEĞİL. ŞİMDİ ANDA OLMAYI SEÇİYORUM. " Enerjinin yeryüzüne yayıldığını ve salıverildiğini hayal ederken bunu en az 3 kez yapın.

Daha sonra, enerjinizdeki herhangi bir artış veya olumlu etkiyi not edin.

. . .

Özetle, istismar duygularında yaşamak, daha düşük harmoniklerden işlemektir. Radikal canlı yaşamak ve daha yüksek harmonik durumlarda işlev görmek için, öncelikle istismar duyguları içinde yaşadığımızı fark etmeliyiz ve normalleştirmeye başladığımız belirli duygusal frekanslarla ilişki kurmalıyız.

Şimdi istismar kafesinde yaşamanın ve bu gibi duygusal durumlardan hareket etmenin hayatınızın çeşitli alanlarını nasıl etkilediğini düşünelim. Ardından, kitabın ilerleyen bölümlerinde, radikal canlı yaşayabilmemiz için bu duyguları nasıl dönüştürebileceğimizi keşfedeceğiz.

İKİNCİ BÖLÜM: KAFESTE MÜCADELE

4

BÖLÜM DÖRT: İSTİSMARIN DEVAM ETMESİ

Bu ne zaman bitecek?

Hayatımda defalarca kendime sorduğum bir soruydu. Doğru söylemek gerekirse gerçekleşebileceğimden emin değildim. Hayatım boyunca çeşitli şekillerde yaşadığım sayısız istismar, zaman geçtikçe çoğalıyor gibiydi. Ne kadar artarsa, bende bir sorun olduğuna o kadar çok ikna oluyordum, her yeni olay, benim bir şekilde kusurlu olduğumu varsayan, işlediğim gerçeklik modelini doğruluyor gibiydi.

Şu anda bildiğim, o zamanlar anlamadığım şey, istismar kafesi içinde işlediğimizde, o kendini sürekli kılar ve onu nasıl durduracağımızı bilmeyiz. İstismarcı ilişkiler, bağlantılar ve iletişimlerin hayatınızın her noktasından geldiğine dair siz de benzer hisler yaşamış olabilirsiniz.

Aslında, istismar çok nadiren asıl olay sona erdiğinde biter.

İlk suç eyleminden sonra, herkesin sizi istismar ettiğini hissedebilirsiniz.

İstismarın kendisi, ister tek bir büyük olay, isterse bir dizi küçük olay olsun, gerçekleştikten çok sonra yaşamlarımızda ve gerçekliğimizde yankılanmaya devam eder.

İstismarı yaşamınızın belirli bir alanında deneyimlemiş olsanız bile, bunun diğer benzer yankıları, farklı yaşam alanlarında ve çok çeşitli şekillerde ortaya çıkmış olabilir. Varlığınızın her köşesine yayılan bir salgın haline geldiğini fark etmiş olabilirsiniz. İstismar çocuklukta başladıysa, muhtemelen (onu önemli ölçüde dönüştürmediyseniz ve artık sizi etkilemiyorsa), istismarın birçok şekliyle devam etmesi şimdiye kadar asıl meseleniz veya referansınız olmuştur.

SUÇUN ŞOKU

İstismara nasıl tepki verdiğinizi anlamanın anahtarlarından biri, istismar eyleminin sistemde bir şok yaratmasıdır. Travma daha sonra bedeninizde stres zamanlarında tekrar aktif hale gelmeye devam eden otomatik yanıt sistemleri yükler. Bir istismar eylemi yaşadığımızda beden kimyamız kelimenin tam anlamıyla değişir, ve görünmez kafesin içine çekilerek uyum sağlarız.

Başlangıçta kafes bizim güvenli yerimiz haline gelir ve asıl olayın yarattığı duyusal ve moleküler aşırı yük karşısında ne yapacağımızı bildiğimiz tek şey budur. Ne zaman bir şey bize asıl suçu hatırlatsa, kafese geri döneriz. Genellikle tüm duyular işin içindedir, ve dış dünyadan gelen herhangi bir duyusal tetikleme, kafese geri çekilmemize neden olabilir. Bize asıl olayı hatırlatan bir şeyin kokusunu alırız - bir parfüm ya da tıraş losyonu - ve kendimizi geri çekilirken buluruz. Bir şey duyarız - örneğin bir ses tonu ya da suç sırasında kullanılan belirli bir kelime - ve yine kafesin içine geri döneriz. Bize olayı hatırlatan bir şey görürüz - failimizin yüzündeki sakal, sakallı bir adam görürüz - ve aniden tekrar geri çekiliriz. Sonra daha az belirgin moleküler göstergeler vardır: istismarın yarattığı birçok his ve duygu. Çoğu zaman birisi istismara uğradığında, bu hisler ve duygular bedende kitlenir ve dış gerçekliğimizdeki en ufak bir şey tarafından yeniden tetiklenebilir. Bir anlamda, failimizi, varlığımızın tüm hücrelerine yerleştiririz. Böylece failin gerçekliği dünyayı deneyimlediğimiz filtre haline gelir ve bu, bizi kafeste kilitli tutan şeyin önemli bir parçasıdır.

Kafes bizi korumak için tasarlanmış olsa da - nihayetinde benzer bir olayın meydana gelmemesi için bizi güvende tutmaya çalışır - kendimizi olanların şokuyla tanımlarız. Moleküler yapımız değişir ve bu değişiklikler gerçekliğimizi deneyimlediğimiz filtre haline gelir.

Daha önce de söylediğim gibi, istismar kafesini iyileştirmenin büyük bir parçası farkındalıktır. Ama orijinal olayın şoku hala bedenlerimizde tutulduğu için kafesimize tetiklendiğimizde, bilincin tam tersinden hareket ederiz.

Transtan işleriz.

TRANSTAN İŞLEMEK

Olanların algısal bilgisi sık sık tetiklenirse, "karşıt-siz" olarak işlemeye başlarsınız. Hatırlarsanız, karşıt-siz, yaşamınızda üretmenizi ve yaratmanızı engeller.

Eğer "karşıt-sen" olarak ortaya çıkıyorsanız, muhtemelen iki şeyden biri olacaktır.

- Bir şeyin "yanlış" olduğu konusunda biraz farkındalığınız var ama ona

ulaşamıyormuşsunuz gibi görünüyor veya ulaşamıyorsunuz.
- Kafesin içinde yaşıyordunuz ama bunu yaptığınızın farkında değilsiniz.

Her iki durumda da, genellikle iç dünyayı nasıl hissettiğinizle ilgili olarak dış dünyayı suçlama eğilimi vardır.

AYNISINDAN DAHA FAZLASINI ÇEKMEK

İstismar kafesinin içinde ne kadar çok hareket edersek, diğer istismar olaylarını kendimize o kadar çekeriz. Orijinal olayın şokunun titreşimleri ve bu titreşimden moleküler olarak hareket etme şeklimiz, aynı yerden işleyen benzer varlıkları çektiğimiz anlamına gelir.

Kendimizi kurban olarak gördüğümüzde ve bize karşı istismarın işlendiğini hissettiğimizde, diğer failler döngüyü tekrar etmemiz için bize çekilir.

Bizler, onların da kendi döngülerine kilitlendiklerini görmüyoruz ve onlar için de bir rol oynuyoruz. Onlar bunun yerine, filtrelerimizden, saldırganlara ve zalimlere benziyorlar, daha fazlası değil. Eğer bu başınıza geldiyse, muhtemelen bir parçanız bunun, sizde bir sorun olduğu anlamına geldiğine inanıyor. Bu kitabın girişinde vurguladığım gibi, benzer döngülerde sürekli olarak hayatınıza istismarı çekiyorsanız, sizde yanlış bir şey yoktur. Basitçe, hayatınızda istismar bir kez meydana geldiğinde, onu yeniden yaratmayı nasıl durduracağınızı bilmiyorsunuzdur.

KENDİNİZE KARŞI KESİNTİSİZ İSTİSMAR

İstismara uğradığımızda, failin gerçekliğini kendimizinmiş gibi üstleniriz. İstismar ister finansal, ister duygusal, fiziksel, ev içi, ruhsal veya cinsel olsun, bunu bize dayatan kişinin gerçekliği, sonunda dünyamızı deneyimlediğimiz gerçeklik haline gelir.

Access Consciousness®'da "biyomimetik taklitçilik" adı verilen bir terim vardır - bu, basitçe, sanki kendimize aitmiş gibi bir başkasının dünyada olma şeklini benimsediğimiz anlamına gelir. Failimizle sık sık biyomimetik taklitçiliği tecrübe ederiz, bu da bazen suistimal edilenin nasıl suistimalci olabileceğini anlamamıza yardımcı olabilir. Bunun hakkında düşünmenin başka bir yolu da koşullanmış, alışılmış tepkilerimizin bir acı yoluna dönüşmesidir. Yani, örnek olarak, istismarcının fena ya da kötü ya da yanlış olduğuna inanması ve 'eylem' sırasında bu enerjinin bize aktarılması bir acı yolu olabilir. Sonra fena, kötü veya yanlışmışız gibi davranmaya başlarız. Bu, esas olayı canlı tutar, TSSB yangınına daha fazla yakıt katar ve Travma Sonrası Büyüme'nin gerçekleşmesine asla izin vermez.

Biyomimetik taklit, pek çok biçim alır ve bu, illaki failimiz gibi olacağımız anlamına gelmez. Daha sık olarak bu, onların dünyadaki varoluş yollarının bir unsurunu üstlenmemiz ve bunu kendimize empoze etmemiz anlamına gelir. Faillerimizi biyomimetik olarak taklit ettiğimizde, işledikleri aynı ağrı yollarından işlediğimiz anlamını içerir. Bu olduğunda, asla kendi benliğimizle tam anlamıyla iletişim kurmayız çünkü bir düzeyde, bilinçaltında faillerimizden onları taklit ederek onay isteriz.

Örneğin, annemle biyomimetik taklit deneyimi yaşadım. Onunla çalkantılı bir ilişkim vardı ve yetişkin hayatım boyunca hala onun enerjisel gerçekliğinden hareket ediyordum. Benim için bu, yalnız kalmakta zorlanmak olarak ortaya çıktı. Asla kendi başıma rahat olmadım ve her zaman biriyle birlikte olmak istedim. Ayrıca hayatımda üretmekte ve yaratmakta zorlandım - bu

bazen "kendi ayaklarının üzerinde durmak" olarak da anılır. Yıllarca annemin gerçekliğinden üretmek ve yaratmak konusunda sorun yaşadım - sadece bedenimde ve zihnimde değil, kariyerimde ve mali durumumda da. Bunu yaparken onun gerçekliğinden hareket ettiğimin farkında bile değildim.

Failin size empoze ettiği herhangi bir gerçekliğin sınırları içinde yaşıyor olabileceğinizin göstergelerinden biri, kendinizin önemsizliğinizi işlerken bulmanızdır. Genişlemeden çok korkuya dayalı kararlar alırsınız. Örneğin, benim durumumda, kendim seçmek yerine, gittiğim okulu ve üniversiteleri annemin seçmesine izin verdim. Güç, bir kez daha failindi.

Annem çok kontrolcü, yargılayıcı ve saldırgandı. Ben ve etrafındaki diğerlerini beslediği baskın mesaj şuydu: "Seni kabul etmemin tek yolu, söylediklerimi yapman." Onun iradesine boyun eğerek, benim üzerimde güç sahibi olmaya devam etmesine izin vermiştim. Fiziksel şiddete, travmaya ve istismara o kadar kilitlenmiştim ki ona nasıl hayır diyeceğimi bilmiyordum. Başkasının gerçekliğine evet demek aslında kendinize hayır demektir. Bu, sizi kendinizle birlik olmaktan ayıran şeydir.

Öyleyse, içinden gelen ses senin mi yoksa başka birine ait birşeyi mi benimsiyorsun, bunu nasıl anlarsın?

GÜNLÜK TUTMA EGZERSİZİ: KİMİN GERÇEĞİ OLUYORSUN?

Anneniz, babanız ve hayatınızdaki diğer insanlar size kendiniz, bedeniniz, hayatınız ve hala bilinçli veya bilinçsiz olarak etrafında hayatınızı yarattığınız veya inandığınız gerçekliğiniz hakkında ne öğretti?

Bu inançlar sizin gerçeğiniz mi? Başka bir deyişle, onları şimdi mi seçiyorsunuz? Temel düzeyde, inançlarımız bir şekilde bize hizmet eder. Bu inançlar veya davranışlar sizi kafeste kilitli tutarken aynı zamanda size nasıl hizmet ediyorlar? Başkalarının ihtiyaçlarına hizmet etmenin aslında sizi nasıl taviz vererek sürdürülen bir hayata hapsettiğini görebiliyor musunuz?

Faillerimiz hala hayatımızda olabilir veya olmayabilir. Yaşıyor veya ölmüş olabilirler. Ancak gücümüzü onlara verdiğimizde, tüm olasılıkları kapatır ve kısıtlı yaşarız. Şimdi siz, kendinize karşı fail olursunuz. Bu "dönüş" bir kez gerçekleştiğinde, tamamen otomatikleşmiş bir gerçeklikten yaşarsınız. Size karşı işlenen suç hakkında konuştuğumuzda, bu sadece esas istismar eylemini içermez. Gerçeğiniz olarak kabul ettiğiniz - başkalarının sizin hakkınızda verdiği ve sizin de kendi gerçeğinizi yarattığınız tüm kararlar, sonuçlar ve yargılar - ve esasen sizin yanlışlığınızla ilgili programlanmanız olan, hayatınızda meydana gelen diğer her istismar eylemini içerir.

Siz bir farkındalık mıknatısısınız, gezegenin her yerinden, dünyanın her yerinden, atalarınızdan, bedeninizden, yan komşunuzdan, patronlarınızdan, meslektaşlarınızdan, kiliselerinizden vb. enerjiyi algılıyor, biliyor, oluyor ve alıp kabul ediyorsunuz

ENERJİ EGZERSİZİ: SİZİN OLMAYANLARI BIRAKMAK

Gözlerinizi kapatın ve ellerinizi timus ve kasık kemiğinizin üzerine koyun. Ağzınızdan 3 kez nefes alın ve "MERHABA BEDENİM! MERHABA BEDENİM! MERHABA BEDENİM! MERHABA BEN! MERHABA BEN! MERHABA BEN! MERHABA YERYÜZÜ! MERHABA YERYÜZÜ! MERHABA YERYÜZÜ!" İçinde bulunduğun ve nefes aldığın odanın dört köşesine dokunmak için enerjinizi genişletin. Yukarı, aşağı, sağa, sola, öne ve arkaya gidebildiğiniz kadar nefes verin. Önünüzden nefes alın, arkanızdan nefes alın, sağınızdan nefes alın ve solunuzdan nefes alın. Ayaklarınızdan yukarı ve başınıza aşağıya doğru nefes alın. Yukarıdaki tüm "Merhabalar"ı tekrarlayın. Gözlerinizi açın.

Nasıl hissettiğinizi veya enerjinizdeki herhangi bir değişikliği fark edin.

Özetle, kendi gerçekliğinizden seçim yapmaya ve yaratmaya istekli olmadığınız sürece, diğer insanların gerçeklerinden seçim yaparsınız. Ve bir başkası için kendi gerçekliğinizden ödün verdiğinizde, bedenden çok fazla enerji alır. Sizin kendi esas canlılığınızı tüketmeye başlar. Görünmez kafesin 'amacı' budur - asla KENDİNİZ olarak var olamazsınız.

5
BEŞİNCİ BÖLÜM: SAĞLIK VE BEDENİNİZ

Ve bedenime yumuşak bir sesle,"Senin arkadaşın olmak istiyorum" dedim, uzun bir nefes aldı ve cevap verdi,"Tüm hayatım boyunca bunun için bekliyordum."

— NAYYİRAH WAHEED

Hiç bedeninizle savaşta olduğunuzu hissettiniz mi? Herhangi bir istismarla karşılaştıysanız, genellikle durum budur. Kendinizi bedeninizle savaşta bulmanın üç ana ana yolu vardır:

- Kendinizi, başkalarının ihtiyaçlarını kendinizinkinin önüne koyarken bulursunuz.
- Sürekli bedeninizi yargılarsınız.

- Bedeninizin ipuçlarını ve isteklerini görmezden gelirsiniz.

Bu bölümde, kendi fiziksel varlığınızla daha fazla barış ve uyum deneyimlemek için ne yapabileceğinizi ve aynı zamanda istismarın bedeninizle savaşa nasıl zemin hazırladığını keşfedeceğiz.

1. BAŞKA KİŞİLERİN İHTİYAÇLARINI KENDİNİZİNKİNİN ÖNÜNE KOYMAK

İstismar gerçekleştiğinde, istismarcı görünür haldeyken siz görünmez olursunuz. İstismarcının ihtiyaçları arttıkça ihtiyaçlarınız görünmez hale gelir. Bu görünmez istismar kafesi modelini oluşturur.

İstismar kafesi içinde, başkalarının ihtiyaçlarını sizinkinden daha önemli kılmanın normal olduğuna inanırsınız. Oradan, bedeninizin birçok ipucunu ve isteğini görmezden gelirken, sık sık başkalarının ihtiyaçlarını ilk sıraya koyarsınız. 4D'leri hatırladığınızda, aslında ihtiyaçlarınız olduğunu inkar ettiğinizi veya ayrıştığınızı fark edebilirsiniz, çünkü bedeninizin önemli olmadığına inanırsınız. Herhangi bir şey almaya hakkınız olduğu düşüncesinden koparsınız ve size gelen her şeye karşı savunmaya geçersiniz. Bu, bedeninizde yoğunluk katmanları yaratır - ağırlık, gerginlik, katılık, kontrol, daralma vb.

Yıllar geçtikçe, insanların ihtiyaçlarını sizinkinden daha önemli hale getirmeyi normalleştirirsiniz. Bu kalıp artar/büyür. Kendinizi bedeninizden ayrıştırırken ve ona hiç önemi yokmuş gibi davranırken bulursunuz, ama aynı zamanda onun tarafından hapsedilmiş hissedersiniz. Sonuç, bedeninizle daha fazla bağlantınızı kesmeniz ve zihninizin içinde yaşamanızdır. Ancak zihin, bedeninizin sadece % 10'udur - bu, diğer% 90'ınızı inkar ettiğiniz anlamına gelir.

2. BEDENİNİZİ YARGILAMAK

Bedeninizi yargılayarak *inkar ettiğinizde, ayrıştığınızda, bağlantınızı kopardığınızda ve ona karşı savunmaya geçtiğinizde*, kendinizi suistimal kafesine daha da derin kilitlemeye başlarsınız.

Sonuç, bedeniniz şişmeye başlar. Yoğunlaşır. Sıkışır. Acı çekmeye başlar. İşler ters gitmeye başlar.

Bedeniniz daha katı hale geldikçe, düşünceniz de daha katı hale gelir. Her şeyi siyah beyaz görmeye başlarsınız ya da sadece tek bir yolu vardır. Sonuçlar ve sabit bakış açıları yüzünden yaratıcı düşünme yetinizi kaybedersiniz.

Ayrıca kilo alabilir veya daha ağır hissedebilirsiniz. Çoğu zaman, bedenimizde ağırlık taşıdığımızda, geçmişte başımıza gelenlere dayanarak kendimiz hakkında yaptığımız kendinden nefret etme, yargılama, kendimizle alakalı aldığımız karar ve sonuçlarla daha çok ilgisi vardır. Fiziksel bir kilo sorununuz olmasa bile, bu ağırlık, diğer ağırlık türlerinden depresyon gibi de ortaya çıkabilir. Bu, bedeninizde tuttuğunuz istismarın etrafındaki yoğunluktan da kaynaklanıyor olabilir.

Kilo, hala tutunduğun istismarcıların toksinleri olabilir. Diğer insanlardan aldığınız yargıların yanı sıra kendiniz hakkında sahip olduğunuz yargılardan da gelebilir. Bazen kendinizi diğer suistimalcilerden korumak için yarattığınız bir savunmadır. Ve ağırlığı yerinde tutmanın altında yatan mesaj, hayatınızdaki diğer herkesin sizin için potansiyel bir istismarcı olduğudur.

Yargıdan Değişim Yaratmak

Bedenlerimize baktığımızda ve onları değiştirmeye karar verdiğimizde, genellikle bir yargılama üzerinden yaklaşımda bulunuruz. Olduğumuz halimizi, bedenimiz için kötü ya da yanlışmış gibi gösteririz.

Kendinle ilgili yanlış bir şey olduğuna her karar verdiğinde, bu yargıdan gelir.

Daha fazla çalışmak veya daha az yemek yemek için bir plan yapabiliriz, ancak bu genellikle kendimizi her türlü zevkten mahrum bırakmaya dayanır. Genellikle suistimale uğradığımızda, daha sert kilo verme yöntemlerine ve düzenli planlara başvurma eğiliminde oluruz. Zaten bedenlerimizin istismara uğradığına dair bir izimiz vardır ve bu izi ve kendimizi sert ve gerçekçi olmayan kilo verme hedeflerine yönlendirmeye devam ederiz ve bu genellikle geri teper. Bedenle nasıl arkadaş olacağımızı gerçekten bilmiyoruz çünkü ona nazik davranmıyoruz. Bir bakıma, yaşadığımız istismarı hala sürdürüyoruz.

Uyumsuzluk Kalıpları

Üçüncü Bölümde, düşük harmonik frekanslardan mı yoksa yüksek frekanslardan mı çalıştığınıza bağlı olarak duygularınızın nasıl uyumlu veya uyumsuz olabileceğinden bahsettik. Unutmayın, uyumsuzluk kalıpları hastalık, bağlantı kopukluğu ve savunma yaratır.

Zihin/beden fenomeni çok gerçektir. Bedenimizde depolanan yağ ve toksinler, aslında, yaptığınız yargıların, kararların ve sonuçların bir aynasıdır. Maalesef, çoğumuz yüksek harmoniklerin hafifliği ve genişliği yerine, toksinlerin ağırlığını ve yargıları gerçekliğimiz olarak seçiyoruz. Ancak ağırlığı üzerinizde tutmayı seçerek, aslında bu yargıları ve sonuçları, yaşayan gerçekliğiniz olarak tutarsınız - kendinizi kafeste derine ve daha derine kilitlersiniz. Bedenimizi bir armağandan başka bir şey olarak gördüğümüz sürece, derin bir huzur eksikliği yaşarız.

3. BEDENİNİZİN İŞARETLERİNİ VE TALEPLERİNİ İPTAL ETMEK

İstismarı sürdürmemizin bir başka yolu da bedenimizin ne istediğini görmezden gelmektir. Bedenlerimiz, 21. yüzyıl yaşamına taviz verdiğimiz, doğuştan gelen bir bilgeliğe sahiptir. Ancak istismar, bu bilgelikten daha da fazlasını taviz verdirir. İnkar, bağlantı kopukluğu ve ayrışma, bizi bedenimizin birçok ipucu ve talebinden ayırır. Çoğu zaman, bu doğuştan gelen bilgelik yiyecek, alkol veya uyuşturucuyla sersemletilir. Duygusal olarak yemek yediğimizde veya yeme isteği duyduğumuzda, bu zihin/beden için kafa karıştırıcıdır. Bedenin doğuştan gelen bilgeliğini görmezden gelmek bizi kendimizden daha da uzaklaştırır. Maalesef sosyal olarak, bedenlerimizin neye ihtiyacı olduğunu dinlemek yerine bu şekilde uyum sağlamayı normalleştirdik.

Bir süre önce bir deneyim yaşadım. En sevdiğim glütensiz Hint restoranlarından birine gitmeye karar verdim. Daha önce de oraya gitmiştim ve orayı her zaman sevmişimdir. Yine de oraya giderken bedenim bana "Hayır, şu anda bu senin için iyi değil" demeye başladı.

Oraya vardığımda bunun üstesinden geleceğimi düşündüm, ama yemeye başladığımda yemeğin tadı güzel değildi. Yine de durmadım. Bedenim tam olarak yediklerimle rahat etmedi. Bütün gece rahatsız oldum, ama mesele sadece yemek değildi, mesele benim düşünme biçimim ve bedenimin bununla savaş halinde olmasıydı. Bana çok net ipuçları vermesine rağmen bedenimi dinlememiştim.

GÜNLÜK TUTMA EGZERSİZİ: YEMEĞİNİ FARKINDALIKLA MI YİYORSUN?

Bedeninizin ipuçlarını kaç kez geçersiz kıldınız ve ve aç olmadığınızda, üzgün veya kızgın olduğunuzda yemek yediniz? Akşam dışarı yemeğe çıktığınız veya bir sosyal etkinliğe katıldığınız için bedeniniz "Hayır" dediği halde kaç kez yemek yediniz?

Ne zaman acıktığınızın kaydını tutun. Kendinize sorun: Aç mıyım yoksa üzgün müyüm? Susadım mı yoksa bir arkadaşa, sarılmaya, yürüyüşe çıkmaya mı ihtiyacım var? Bedeniniz aslında size anlatmaya çalıştığı şeyi fark etmeye başlayın.

BEDENİN İSTİSMARDAN İYİLEŞMESİ

Geleneksel terapistler de dahil olmak üzere çoğu insanın anlamadığı şey, eğer istismarı iyileştirecekseniz, gitmeniz gereken ilk yerin beden olmasıdır. Henüz aksini görmedim. Ne yazık ki, genellikle gitmek isteyeceğiniz en son yerdir. Farkına varılması gereken en önemli şey, istismarın zihin ve beden arasındaki ayrılığı artırdığıdır ve istismarı iyileştirmek bu ayrılığın yarattığı boşluğu kapatır. Travmayı bedenden nasıl çözeceğinizi tam anlamıyla öğrenmeniz gerekir. Fiziksel uyumsuzluğun nasıl çözüleceğini öğrenmek çok önemlidir, böylece bedeninizle bir olabilirsiniz.

Kendinizle bir olduğunuzda, her şeyle - dünyadaki tüm moleküller ile bir olursunuz. Bedeninizden ayrı iseniz, her şeyden ayrı olursunuz.

İlk adım, geçmişteki failinizin artık üzerinizde güç sahibi olmasına izin vermeyi reddetmektir. Bu kitapta sık sık, sizinle ilgili en değerli şeylerden birinin, seçme kapasiteniz olduğu mesajını pekiştirdik. İlk adımınız, artık başkalarının ihtiyaçlarının kendi ihtiyaçlarınızı çiğnemesine, bedeninizi yargılamaya veya isteklerinizin görmezden gelinmesine artık izin vermemektir.

Yargıyı Bitirmek

Geçmişteki suistimalin bedeninizde nasıl ortaya çıktığını görmek çok önemlidir. Kendinizi şişman ya da çirkin ya da kötü ya da yanlış olarak görmek yerine, bu yargıların başka birinden ya da başka bir zamandan geldiğini görmeye başlayabilir ve bedeninizi doğruluk ve bütünlük yerinden yaratmaya başlayabilirsiniz.

Yargı ve ceza yoluyla bedenlerimizi değiştirmeye çalışmak yerine, yeni bir 'kararlılık' paradigmasına dayalı seçimler yapabiliriz. Bu, kendimizi ve bedenlerimizi suçlama, utanç, pişmanlık ve kendini cezalandırmaktan ziyade nezaket, büyütme ve şefkat üzerine kurulu farklı bir bilinç seviyesinden görmeyi seçtiğimiz anlamına gelir.

Bedenimizle ilgili yargıyı salıverdikçe, bedenimizde taşıdığımız yük ile istismar sorununun ağırlığı arasındaki bağlantıyı gittikçe daha fazla görmeye başlarız.

Kendinizi tüm olasılıklardan reddetmeyi, çıkartmayı ve tahliye etmeyi bıraktığınızda, bedeninizi yargılamayı bırakırsınız. Sağlığınız, bedeniniz, (sonraki bölümlerde inceleyeceğimiz paranız, servetiniz ve ilişkilerinizle birlikte), kendinizi tüm olasılıklardan reddetmek, çıkatmak ve tahliye etmek ile ilgilidir.

Kendinizi bir olasılık olarak kabul ederek ve kucaklayarak bedeninizle olasılık sevincini yaratmanız için ne gerekir?

Bedeniniz bir zevk algılama sistemidir. Şimdiye kadar, zevk deneyimini muhtemelen tamamen ortadan kaldırdınız, veya büktünüz ve çarpıttınız, veya izin verdiğiniz zevki, çikolata veya diğer geçici uçlar gibi anlık hazlarla sınırlandırdınız.

GÜNLÜK TUTMA EGZERSİZİ: YEMEK ODAĞINIZI DEĞİŞTİRİN

Sizi bedeninizi yargılamaya yönelten en son diyet planı veya hevesin olağan rutini yerine, bedeninizdeki zevki artırmak için ne yapabilirsiniz ki böylece odak noktanız artık buradaki yanlış olan şey olmasın? Kendinize nasıl kilo verebileceğinizi veya bedeninizi nasıl değiştirebileceğinizi sormayın. Kendinize, onu orada tutan yargı kalıplarını nasıl serbest bırakabileceğinizi sorun.

Bedeniniz hakkında sahip olduğunuz 10 yargıyı yazın. Sonraki hafta boyunca her gün yazdığınız her yargı yerine farklı bir eylem seçin.

Vücudunuzu Dinlemek ve İhtiyaçlarınızı Öncelik Vermek

Yeni 'kararlılık' paradigmasında, artık bedeninizi değişmeye zorlamıyorsunuz. Bu değişikliği yapmak için ne olursa olsun, bedeninizle savaşı durdurmaya kararlısınız. Bu kararı vermeye istekli olmalısınız. Görünür olmaya ve ihtiyaçlarınızı yönetmeye istekli olmalısınız. Unutmayın, eğer suistimale uğradıysanız, başkalarının ihtiyaçları sizinkilerden daha görünür hale gelmiştir.

Kendi ihtiyaçlarınızı görünür kılmak için karar vermelisiniz. Evren size arkanızı kolladığını gösterecek. Ama siz de kendi arkanızı kollamaya istekli olmalısınız. Bedeninizle iletişim kurmayı öğrenmek ve ona neye ihtiyacı olduğunu sormak büyük bir değişim yaratabilir. Sık sık, "Merhaba bedenim, şu anda neye ihtiyacın var?" diye sormak, bir bedeniniz olduğunu kabul etmenizi ve ayrışma kalıplarını sona erdirmenizi sağlar.

Bir süredir bedeninizle bağlantınız kesilmişse, ilk başta ne dediğini anlamıyor olabilirsiniz. Bedeninizde bir şey ortaya çıktığında, kendinize şu soruları sorabilirsiniz, örneğin: "Bedenim (ya da bedenimin bu kısmı: adını söyle) konuşabilseydi, ne derdi? Sen bana ne söylüyorsun? Bu şuan için mi yoksa sonrası için mi? (Son soruyla ilgili, bazen bedeniniz size, daha derin bir şifa seansında iyileşmek istediğini ve şuan yapılmasının uygun olmadığı bir şeyi gösteriyor da olabilir)

EGZERSİZ: HAREKET ET, HAREKET ET, HAREKET ET

Bazen bedeninizi ağır veya yoğun hissederek uyanırsınız ve nedenini bilemezsiniz. Bu durumu kabul etmek yerine, onun ötesine geçmek için ne yapabileceğinizi sorun. Koşu bandına çıkın. Dışarı çıkın ve bedeninizi hareket ettirin. Biraz davul çalın, alkışlayın, dans edin veya şarkı söyleyin. Bedeninizi 30 saniye hareket ettirin, nelerin değiştiğini görün. Bir veya iki dakikaya yükseltin.

Alternatif olarak, kronometrede 15 dakika tutabilir ve şu ifadeyi yazabilirsiniz: Bedenimin bilmemi istemeyeceği bir şey _____ (cümleyi bitirin). Bunu 15 dakika yapın, sonra yazdıklarınız yırtın ve gününüze devam edin.

Unutmayın, istismar sadece bir olay değil, tam bir beden deneyimidir. Hiçbir parçanız onu hissetmekten kaçamaz, ancak anında ortaya çıkan hisleri değiştirebileceğinizi fark edebilirsiniz.

Bedeninizin size verdiği her türlü onay üzerinden harekete geçin.

Beden dersimin başında insanlara kafalarını sahil kenarındaki bir hamak üzerine koyup, bedenlerine bildikleri şeyi kabul etme şansı verdiklerini hayal etmelerini söylerim. Birçok insan için baş, hayata yön verilebilecek bir yer haline gelir ve bunun yerine bedenin sahip olduğu bilgeliği ve farkındalığı dahil etmelerini isteriz. Beden her şeyi bilir. Oysa siz ona güvenmemeyi öğrendiniz. Tekrar ve tekrar, "Merhaba bedenim, merhaba bedenim, merhaba bedenim" deyin. Bunda belli bir incinebilirlik (savunmasızlık) var. Bu incinebilirlik (savunmasızlık) alanına girip genişletebilirsiniz, bu da çok daha fazlasını alıp kabul etmenizi sağlar.

Bedenlerimiz uyarlanabilir ve zekidir ve inanılmaz kapasitelere sahiptirler - bedenlerimizin ulaşabileceği mükemmeliği gördüğümüzde, onların güçlü ve dinamik güçleriyle hareket edebiliriz.

EGZERSİZ: YENİ BİR GÜN

Bir gün boyunca sanki bedeniniz her konuda haklıymış gibi hareket edin. Size ne tür bir farkındalık verirse versin, bir günlüğüne kendinizi buna göre hareket etmeye adamış bir şekilde rol yapın. Bu nasıl bir gelecek yaratırdı?

Özetle, muhtemelen bedeninizi yargılamaya, onun ipuçlarını ve isteklerini geçersiz kılmaya ve başkalarının ihtiyaçlarını kendinizinkinin önüne geçmesine alışkınsınız. İstismarı iyileştirmenin bir parçası, tüm bedeni dahil etmek ve onun zekasıyla tekrar iletişime geçmektir. Beden fark ettiğinizden çok daha fazlasını bilir ve başınızı denklemden çıkarıp bedeninizi dinlemeyi öğrendiğinizde, kendinizle ve dünyayla daha fazla mevcudiyet ve daha büyük bir ilişki deneyimleyeceksiniz.

6
BÖLÜM 6: İLİŞKİLER VE CİNSELLİK

Herhangi bir düzeyde istismara uğradıysanız, büyük olasılıkla seks ve ilişkiler size o kadar kolay gelmiyordur. Basit gerçek şu ki, herhangi türden bir ilişkiye sahip olmak için bedeninize ihtiyacınız var ve son bölümde tartıştığımız gibi, beden, istismarla ilgili birçok konunun depolandığı yerdir.

İstismar söz konusu olduğunda cinselliği ve ilişkileri keşfetmenin pek çok yolu vardır. Bu bölümde, temel konulardan ikisine odaklanacağız:

- İlişkinizde doğru olmayan olayları olduğuna inandığınız şeyleri icat edip, kendinizi bunlara inanırken bulursunuz
- Seks sırasında kendinizi bedeninizi terk ederken bulursunuz.

Kafanızın içine girmeyi ve ilişkinizi icat etmeyi bırakabilirseniz ve seks yaparken bedeninizde kalmayı öğrenebilirseniz, yepyeni bir düzeyde bağlantı ve yakınlık yaşarsınız.

İLİŞKİLERİNİZİ İCAT ETMEK

İlişkiler tatlı bir birliktelik olabilir, ancak aynı zamanda çatışma, travma, drama ve acıyla da dolu olabilirler. Birçoğumuz için bu tabağımızdaki garnitür olarak küçük bir arkadaşlık ve her şeyin merkezinde ise kocaman bir çatışma olarak ortaya çıktı. İlişkileriniz neşeli ve zevkli mi? Yoksa boğucu ve bunaltıcı mı? Birliktelik mi yoksa ayrılık mı yaşıyorsunuz?

İlişkilerimizde sahip olduğumuz sorunların büyük bir kısmı 'sorunların icadından' kaynaklanır. İcatlar, kendinize söylediğiniz yalanlar, uydurduğunuz şeyler ve gerçekte doğru olmayan olaylar hakkındaki hikayelerdir. Burada esas olarak ilişkinizde bunu nasıl yaptığınıza odaklanırsınız, ancak hikayeler icat etmek hayatınızın diğer bölümlerinde de ortaya çıkabilir.

İlişki ile ilgili sahip olduğumuz icatlara dayanarak yanıtlarımızı, tepkilerimizi ve iletişimimizi oluştururuz. Bunlar da bizi arzuladığımız gerçek yakınlığı deneyimlemekten alıkoyarlar. Bu kalıp istismarda neden bu kadar yaygın? Her zamanki gibi bu, tekrar görünmez kafese döner.

Kafese kilitlendiğinizde, kendinizle sohbet ediyorsunuz.

Kendi kalıplarınız ve deneyimlerinize dayanarak kendinizle bir sohbet icat edersiniz ve sonra sonuçlarınızı eşinize, sevdiklerinize, çocuklarınıza vb. yansıtırsınız.

Buradaki acımasız şaka, zihninizin içinde gerçekte neler olup bittiğini partnerinize ya da diğer eğlenceli kişiye asla ifade etmemenizdir. Bunun yerine, önünüzde olup biteni çarpıtıp bükersiniz ve sonuç olarak yansıtmalarınız ve ilişkiniz çarpıklaşır ve bükülür. Sevdiğiniz kişi olmak yerine, öldürmek istediğiniz kişi olurlar! Partneriniz gerçekte neler olup bittiğini bilmeden, öfkenizi içinizdeki bastırılmış sesten dışa vurursunuz.

Bu "icatlar" sessiz bir gaz gibidir, ilişkiye sızar ama aslında isimlendirilmez. Muhtemelen icat olduklarını bile bilmiyorsunuz çünkü onlara bakmıyorsunuz ve onlar hakkında sorular sormuyorsunuz bile. Tepki vermeden önce sorabileceğiniz bir soru şudur: "Bu gerçekten doğru mu yoksa bir icat mı?" Ama muhtemelen şimdiye kadar böyle bir soru sormamıştınız. Partnerinize gerçekte sizinle ilgili neler olup bittiğini asla söylemediğiniz için, onlarda asla gerçekten soru sormazlar veya tartışmayı açmazlar. "Delisin" veya "Bunu her zaman yapıyorsun" veya "Belki de biraz yardım alman gerekiyor" gibi bir şeyler söyleyebilirler. Ama sizin için neler olup bittiğini bilmediklerinden, gerçekten ne soracaklarını da bilmezler. Siz kendinizle iletişim halinde olmadığınızdan, onlar da sizinle temas halinde giremezler.

İlişkilerinizi İcat Ettiğinize Dair İşaretler

İcatların ötesine geçmenin ve gerçek bir birliktelik alanına girmenin ilk adımı, ilişkinizi doğru olmayan hikayelere dayandırmak yerine, ilişkinizde kullandığınız icatları görmektir. Bu icatlar, arzuladığınız gerçek samimiyeti deneyimlemenizi engeller.

Peki ilişkinizi icat edip etmediğinizi nasıl anlarsınız? İcatlarınızı tespit etmek için dört gösterge vardır:

1. İhtiyaçlarınız önemli değildir ve ilişkinizi eşinizin ihtiyaçları yönetir.
2. Partnerinize bağımlı hissedersiniz ve aynı zamanda ona içerlersiniz.
3. "Eğer benimle ilgilenirsen, maddi ve manevi güvenliğimi sağlarsan, seninle ilgilenirim. Yemekleri yaparım. Sana bakarım. Neyi arzularsan yaparım." gibi sözsüz ve bilinçsiz anlaşmalar yaparsınız.

4. Artık kendinizi tanıyamazsınız. Kendiniz için başka bir karakter veya rol yaratırsınız. Bu sevilmek için olman gerektiğini düşündüğün kişidir. Muhtemelen bunun gerçekten yapmanız gereken bir şey olup olmadığını hiç sormadınız.

İcatlarınız Geçmişe Dayanmaktadır

İlişkilerinizde sürdürmeye devam ettiğiniz icatlar, deneyimlediğiniz eski suistimal kalıplarından çıkarılıyor. Bunlar genellikle ilişkilerde öğrendikleriniz veya size biçilmiş kalıplardır ve genellikle çıkarımlar, ayrılıklar, beklentiler, reddetmeler, kızgınlıklar ve pişmanlıklarla doludur. Yani, geçmişinizin ötesine geçmek ve yeni bir yakınlık(samimiyet) biçimi yaratmak yerine, kendinizi istismar kafesine hapsediyor, geçmişinizi yeniden yaratıyor ve kendinizi bu yalanlara ve icatlara daha da kilitliyorsunuz. Genellikle önünüzde ne olduğunu veya hayatını sizinle paylaşmaya karar veren varlığın güzelliğini asla göremezsiniz.

Partnerinizle çocukluğunuzda deneyimlediğiniz aynı dinamiği tekrarlayarak, aslında icat olan ötekiyle ilgili 'gerçekleri' yaratırsınız. Onlarla ilişki kurma ve iletişim kurma biçiminiz bu hale gelir - hepsi bu icatlara dayanır. Bu icatlar, başka biri için yapıyor olsanız bile, yalnızca sizi güçsüzleştirmeye hizmet eder. Bu gerçekten de kafesin içinden kendinizle yaptığınız çılgınca bir konuşma olan, kızgınlık dinamiğidir.

Karşınızdaki diğer kişiyi görmediğinizde ve yalanlara, çıkarımlara, beklentilere, kızgınlıklara vb. inandığınızda, ilişkilerinizi aslında bu filtrelere göre yaratırsınız. Aslında yalana dayalı bir ilişki kuruyorsunuz. Bu, dünyanın çoğunun "ilişki" dediği şeydir.

Bu sadece sizin değil, eşiniz içinde bir istismardır. İşte o zaman ilişki iki insan arasında bir savaşa dönüşür. Çünkü ilişkilerinizi yarattığınız tüm bu bilinçaltı inançları sınırlamaya, bilinçsiz karar vermeye ve kendi kendinizle konuşmanıza dayanıyordu.

Hatırlamakta fayda var ki, eğer bunu yapıyorsanız, bu, ebeveynleriniz veya sizi büyütenler tarafından size modellenmiş de olabilir. Babam bizden çok fazla uzakta olurdu ve eve geldiğinde annem ve babamın birbirini görmekten mutlu olduklarını hatırlıyorum. Ama annemin daha fazla evde olmadığı ve üç çocuğunun bakımında ona yardım etmediği için ona kızdığının da farkındaydım. Ve enerjik olarak babamın da orada olmak istemediğini biliyordum. O bunu ifade etmedi ama ben hissettim. Bu dinamiği izler ve nasıl davrandıklarıyla söylenmemiş sözler arasındaki farkı algılardım. Sahte şefkat girişimleri bana doğru gelmiyordu. Yalan olduğunu biliyordum. Birbirleri ve çocuklar için başka karakterler yaratıyorlardı. Asıl sorunların altında yatanlar hakkında konuşmadılar ama bu sorunlar eylemlerinde ortaya çıktı. Mesela annem babamı doyururken tabağı masaya çarpardı ve babam da "görünmez" bir nefret ifadesiyle karşılık verirdi. Sesleri olmadan davranışlarıyla hareket ederlerdi. Bunlar, ilişkilerde devam eden ve ilişkiyi neşe ve birliktelik yerine savaşa, çatışmaya ve drama dönüştüren bilinçsiz icatlardır.

Yeni Bir İlişki Modeli

İlişkiler, sizin ve eşinizin birlikte genişlemesine, birbirinize katkıda bulunmanıza ve birbirinize neşe getirmenize yardımcı olacak ve izin verecek şekilde tasarlanmıştır.

Çatışmanın olmayacağına inandığım ütopik bir idealde yaşamıyorum. Bununla birlikte, ilişkilerde nasıl davrandığımız da dahil olmak üzere birçok şeyi değiştirebileceğimize inanıyorum.

İlişkinizi problemlerin icadına dayandırmaya devam ederseniz, değişim yaratmak çok zor olabilir. "İcatlar ülkesinde" yaşarken, o zaman neyin doğru olduğundan bahsetmiyorsunuz bile. Bunun yerine, gerçek bile olmayan konular hakkında tartışıyorsunuz.

Eğer kendinizi bir ilişkide bir tür tartışmanın içinde bulduysanız ve "Ne hakkında tartıştığımızı bile bilmiyorum" gibi bir şey söylediyseniz, o zaman ne demek istediğimi anlayacaksınız. Bazen bunun ne zaman icat edildiğini anlayabiliriz ve aslında kendinizi akışın ortasında durdurup, "Bu tamamen benim icadımdı. Üzgünüm. Her şey XYZ hakkındaydı ve seninle hiçbir ilgisi yok." diyebilmek büyük bir güçtür.

Çoğumuz ne zaman icatta olduğumuzu fark etmiyoruz, çünkü çoğu zaman çok gerçek görünüyor, özellikle de ona bağlı duygular varken. Buradaki zorluk, duyguların geçmiş deneyimlerimize göre tetiklenmesi ve duygusal olarak yüklü olduğumuzda, icatlarımızın çok daha gerçekçi görünmesini sağlıyor.

Daha fazla farkındalıktan ve daha az kalıplarınızdan işlediğinizde, bu bir seçim yapmanız için açıklık sağlar.

Kendinize şunları sorabilirsiniz:

- Kim olmayı seçeceğim?
- Yalancı mı, başka bir karakter olmak mı veya istismar kafesinin içine hapsolmak mı istiyorum?
- Bir birlik yaratmak için kararlılıkla ve bilincin azmiyle ayağa kalkmak istiyor muyum?

İlişkilendirdiğiniz tüm şekillerde - toplumsal, cinsel, finansal, fiziksel, duygusal, zihinsel, psikolojik ve ruhsal olarak - beraberce yeni bir olasılık yaratma ve daha fazla genişlemeyi deneyimleme seçeneğiniz var.

GÜNLÜK TUTMA EGZERSİZİ: İLİŞKİ İNANÇLARI

İlişkiler hakkında kafanızın arkasına gizlenen her inancı yazın ve kendinize şu soruyu sorun: "Bu cidden gerçek mi?" Bunu ilişkiler hakkında her düşündüğünüz, hissettiğiniz ve algıladığınız şey için yapın.

Access Consciousness®'da kullandığım tekniklerden biri, gerçek mi, yanlış mı olduğunu belirlemek için hafif veya ağır aracıdır. Kendinize "Bu gerçek mi?" diye sorun. Hafif hissediyorsanız, öyle olduğu anlamına gelir. Ağır geliyorsa, daha fazla soru sormanız gerektiği ve muhtemelen uydurulmuş bir yalanı benimsediğiniz anlamına gelir.

Bir ilişkiniz varsa, bu günlük tutma alıştırmasını tamamladıktan sonra partnerinizle konuşun. Onlarla bir konuşma yapın (sohbeti üçüncü bir kişiyle paylaşmak daha iyi olacaksa, büyük ihtimalle zorlayıcı kısımlardan bazılarına aracılık etmesi için bir danışman aramanızı öneririm**). Biraz birlik için kafesin kapısını açın. İnandığınız, algıladığınız ve farkında olduğunuz şeyleri paylaşmak kendi filtrelerinizin ötesinde gerçeği görmenize yardımcı olabilir. Bunu yaparken, paylaşımlarınızın geçmiş programlamanızdan ve yaşam deneyimlerinizden gelen bir yalana dayalı olma ihtimali konusunda açık olun. İlişkinizde, ikinizin de doğru olduğuna inanmaya programlandığınız şeyin ötesinde yeni bilinçli bir iletişim düzeyi açmaya çalışıyoruz. Yargılamanın ötesinde gerçek bir paylaşım, kafesinizi daha da açmanıza yardımcı olacaktır.

** İlişkinizin bu değerlendirmesi, artık istismar kafesinde yaşamamanız içindir. Önce biriyle kendiniz konuşmanız, ardından partnerinizle potansiyel olarak daha zorlayıcı görüşmelerin kapısını açmanız daha faydalı olabilir.

SEKS VE İLİŞKİ

Özellikle, eğer yaşadığınız istismar doğası gereği cinsellik üzerine ise, bununla ilgili pek çok zorluk ortaya çıkabilir. Eğer istismara uğradıysanız, meydana çıktığını fark edebileceğiniz en önemli şeylerden biri, seks sırasında 'ortadan kaybolmanızdır'. İkinci bölümde, bağlantıyı kesmekten bahsettik. Ortadan kaybolmak - güvenli yerimize gitmek veya kafesin içine çekilmek - genellikle cinsel ilişki sırasında tetiklenebilir.

Cinsel ilişki sırasında kendinizi ortadan kaybolurken buluyor musunuz?

Bu senaryoyu hayal edin ve size tanıdık gelip gelmediğine bakın:

Savunmasız bir pozisyonda sırtüstü yatıyorsun. Keyifli, eğlenceli ve zevkli olması gerekirken, sizi tetikleyecek bir şey olur. Partnerinizin bir bakışı, ya da söyledikleri ya da yaptıkları, size asıl olayı hatırlatabilir. Anında zihniniz geçmiş suistimalinize, anılarınıza, kaç ya da savaş tepkinize vb. gider. Nefesinizi tutmaya başlarsınız. Bedeninizden ayrılmak daha güvenli hissettirir ve bunu yaparsınız, buda geçmiş istismarınızı canlı kılar ve şov tekrar yayınlanır. Büyük olasılıkla başlangıçtaki istismara uğradığınızda aldığınız pozisyona benzediğinden, kendinizden ayrışır ve ayrılırsınız ama dile getiremezsiniz. Orada kalır, göstermelik şekilde devam edersiniz ve kafesin parmaklıkları kilitlenir. Büyük olasılıkla, hiç zevk almazsınız. Eğer alıyorsanız, bu derinden tatmin edici türden değildir. Sahte ya da eğlenceli gibi davranırsınız. Böyle bir durumda, kendinize şu soruların birini veya tamamını soruyor olabilirsiniz:

- Neler oluyor?
- Bendeki sorun nedir?
- Seksten hiç zevk alabilecek miyim? "

Aşağıda bu soruların dördüne de bakış açımı paylaşacağım.

Neler oluyor?

Bu şekilde tetiklendiğinizde istismar kafesinin içinde gerçekte neler olur? Temel olarak, siz ve ihtiyaçlarınız görünmez hale geldiğinden, seksin eğlencesi ve zevki alınamaz.

Geçmişteki istismarınız sırasında verdiğiniz yargı ne ise, ona göre yaşıyorsunuz. Varlığınızı sona erdirdiniz. İhtiyaçlarınız o zamanlar sınırlandı (bundan emin değilim). İhtiyaçlarınız önemli değildi. Siz önemli değildiniz.

Yani seks sırasında ihtiyaçlarınızı dile getirmezsiniz ve partnerinizin ihtiyaçları daha önemli hale gelir. Ama orada bile değilsen seks nasıl eğlenceli ve zevkli olabilir ki?

Bendeki sorun nedir?

Sizin hiçbir sorununuz yok. Bunu entelektüel olarak pek çok farklı yoldan duymuş olabileceğinizi biliyorum, özellikle de konu istismar olduğunda. Ancak seks sırasında bu kaybolma deneyimi utanılacak bir şey değil. Bunu defalarca yaptım ve binlerce danışanım da bunu yaptı. Ve bugünlerde gerçekten radikal zevkli ve orgazmik canlı cinsel deneyimler yaşıyorum. Bu, sizin de yapabileceğiniz anlamına geliyor.

Ancak, kaybolma konusunda yanlış yaparsanız, kendinizi kafeste kilitli tutarsınız. Dolayısıyla, bu otomatik yanıt tetiklenirse ilk adım, kendinize bir mola vermektir. Seks sırasında ortadan kaybolursanız, sizde hiçbir sorun yoktur. Sadece kaybolmanıza, bağlantınızı kesmenize veya ayrışmanıza neden olanı kabul etmelisiniz. Bir şeyler olacak ya da partnerinizin söyleyeceği veya yapacağı bir şeyler yada partnerinizin size dokunma şekli, istismarın geri dönüşünü tetikler. Bu yüzden yapabileceğiniz ilk şey bunu kabul etmek ve onun hakkında konuşmaktır. Ama çoğumuz- enerjisel anlamda ayrılırız - bedenlerimiz soğuk ve donmuş olarak çenemizi kapalı tutarız. Olanları kabul ettiğinizde, şu anda yeni bir hikaye yaratabilirsiniz - sadece kendinizle ve bedeninizle değil – aynı zamanda tam önünüzdeki kişiyle de (ya da sizin üstünüzde, ya da sizin yanınızda!).

Seksten hiç zevk alacak mıyım?

İhtiyaçlarınızın önemli olmasına izin verirseniz, seksten zevk almaya yeniden başlayabilirsiniz. Bu, kendinizi seçmenizi gerektirir. Ayrıca artık görünmez olmamanızı da gerektirir. Karşılığında, kendi hakkınızdaki yargı savaşını durdurmanızı gerektirir. Son bölümde, zevk merkezlerinizle yeniden bağlantı kurmaktan ve bedeninizde eğlenerek yaşamaktan bahsettik. Bu, bedensel deneyiminizin tüm seviyelerinden bir paylaşımdır ve sekse özel değildir.

Seks Sırasında Bedeninizden Ayrılma Durumu Nasıl Tespit Edilir

Zihinsel veya duygusal olarak bedeninizi veya partnerinizi cinsel eylemin ortasında bırakırsanız, bu iyi hissetmiş olabileceğiniz bir şeyi aniden ağırlaşır, daraltır ve yoğunlaştırır. Bu, sizi tetikleyen ve görünmez kafese çekilmenize neden olan bir şeyin gerçekleştiğinin ilk işaretidir. Kendi kendinizi yargıladığınızda veya böyle düşünceler geldiğini fark ettiğinizde ve "Anda ol. Bu senin partnerin. Hiçbir şey hissetmiyorsun. Artık orada değilsin." gibi düşüncelerinizin olduğunu fark edebilirsiniz.

Alternatif olarak, bizi kafese sokan, bedeninizin belirli bir kısmı hakkında kendi yargılarımız da olabilir. Partneriniz, kalçalarınız gibi bedeninizde rahat hissetmediğiniz bir bölümüne dokunmaya başlar ve siz kendinizle içsel bir diyalog başlatırsınız. "Nasıl orama dokunabilirler. Kendimi çok şişman ve itici hissediyorum" ve şimdi birisinin sizi istemesi ve arzulaması konusunda kendinizi ağır ve sıkışmış hissedersiniz. Kafanızın derinliklerine çekildikçe, ayrılmaya başlarsınız. Ve siz daha farkına varmadan önce, sadece göstermelik hareket edersiniz ve artık anda değilsinizdir.

Seks Sırasında Daha Fazla Anda Olmak

Hiç seks sırasında gerçekten anda bulundunuz mu? Eğer bulunduysanız, keyfin daha ötesinde bir deneyim olduğunu fark etmiş olabilirsiniz. Eğer bulunmadıysanız o zaman seçim, bedenizi ve kendinizi yeniden eğitmektir, böylece bu sizin için mümkün olur. Yapmamız gereken ilk şey, cinsel olarak var olmamıza izin vermeyen enerjiyi kabul etmektir. Uyurgezerlik gerçekliğinden gelen bir uyandırma çağrısı. Bu ölüm enerjisini, kabul ederek, sorgulayarak, kucaklayarak ve somutlaştırarak değiştirebilirsiniz. Okyanusta bir dalgada sörf yapmaya çok benzer. Hiç okyanusta bir dalgayla savaşmayı denediniz mi? O kazanır. Siz kaybedersiniz. Bununla birlikte, dalgada içeri ve dışarı, içeri ve dışarı sörf yaparsanız, çok eğlenirsiniz ve dalganın üzerinde kıyıya kadar süzülebilirsiniz.

Kendinizi düzeltmeye çalışmak veya kendinizi bir problem olarak adlandırmak ya da çözülmesi gereken bir problem yaşamak ya da bu konuda kendinizi yargılamak yerine, bedeninizin varlığını kabul etmeye başlarsanız nasıl olur?
Ya şimdi, şu anda bedeninizi kabul edebilseniz?
Bir elinizi timusunuza (kalp merkezi) ve diğerini kasık kemiğinize koyun.
Nefes Alın!
"Merhaba Bedenim! Merhaba Bedenim! Merhaba Bedenim!"
Nefes Alın!

Unutmayın, bir şeyi sadece faydası olduğu için yaparız. Sorun, faydanın bir zamanda, bir yerde, bir durumda ve genellikle bugünden çok daha önceki bir yaşta elde edilmiş olmasıdır. Esasen, kararın geçerliliği sona ermiştir ancak davranış hala günceldir.

Eski terk(ayrılma) etme alanının ötesine geçmek için, bedeninizin ihtiyaçlarına bir sınırlama getirmek yerine, bir olasılık olarak bakmaya başlarsınız. Sınırlama, kendinizden ayrılmak ve eyleme devam etmek ve bununla ilgili hiçbir şey yapmamak olacaktır. Olasılık, eylem sırasında neler olup bittiğini kabul etmektir. Bedeninizin içini kontrol edin ve nasıl olduğunu görün. Yoğun, ağır ve daraltılmış mı yoksa hafif, geniş ve özgür mü? Yoksa ikisinden de biraz mı? Ardından, kalıbı değiştirmek için kendinize, bedeninizin neye ihtiyacı olduğunu sorun.

GÜNLÜK TUTMA EGZERSİZİ: CİNSEL FARKINDALIK

Kendinize şu soruları sorun:

Seks sırasında ortadan kaybolmamın yararı nedir?

Bunun bana nasıl bir faydası var?

Beni güvende mi tuttu, yoksa korudu mu?

Bana bir düzeyde kontrol sağladı mı?

Bu anlarda bir şey isteyebilseydim, ne isterdim?

Muhtemelen, seks sırasında birini durdurmaya asla cesaret edemezsiniz ya da belki her zaman yapıyorsunuzdur. Her iki durumda da, burada bir şeyi değiştirmek ister misiniz? Ve eğer öyleyse, neyi?

Uyanış

Seks sırasında ortadan kaybolup kaybolmadığınız hakkında bir konuşma başlatırken, sizi gerçekten yapmaya davet ettiğim şey uyanmaktır. Bu kendinize uyanmak demektir. Uyanma, sizin için işe yarayıp yaramadığını görmek için bir düzeyde - bilinçli ya da bilinçsiz olarak - seçtiğiniz şeye bakmayı içerir. Kendinizle sadece seks etrafında bir diyalog başlatarak, gerçekte ne kadar mevcut olduğunuzu anlamaya başlayacaksınız.

Gerçekten orada olmak ve tatlı partnerinizle cinsel ilişkinizde neler olup bittiğine bakmak cesaret ister çünkü bu, işlerin muhtemelen değişeceği anlamına gelir.

Aynı kalan şeylerle daha çok mu ilgileniyorsunuz yoksa kendinize karşı dürüst olmakla mı ilgileniyorsunuz?

Seks sırasında orada anda olma seçimini yapmak, birçok düzeyde daha bilinçli ve özgün bir şekilde yaşamanızı sağlar. Cinselliğe bağlı kalmayı seçtiğinizde, cinsel eylemin bağlantısız ve bedensiz olması yerine, besleyici ve onurlandırıcı olmasına izin verirsiniz. Bu süreçte istismar döngüsünü sonlandırırsınız. Bu bedeniniz, cinselliğiniz ve varlığınız için neyin en iyi olduğunu seçmektir. Ve radikal canlı yaşamanın anahtarlarından biridir.

İnsanlarla çalışırken her zaman söylediğim şeylerden biri, kendinizi zaman ve mekanla ilişkilendirmektir: "Tamam, Cumartesi günü saat 14:00, bu benim kocam, bu benim partnerim. Bu sevdiğim kişi, ilişki içinde olmayı seçtiğim kişi." Sonra doğrudan bedeninize sorun, "Bedenim, senin için neler oluyor?"

Bedeninizi kontrol edip onu dinlemeye başladığınızda, bu ölülüğün ötesiden radikal canlılığa, otopilotun ötesinden bağlantıya, ıstırabın ötesinden neşeye geçmenin bir yoludur. Çünkü o anda olan tek şey kocanızdan veya partnerinizden ayrılmış olmanızdır. O anda, aslında alıp kabul etmekten ayrılıyorsunuz. Bu bir kalıptır - sizi maddi, duygusal, fiziksel veya cinsel olarak alıp kabul etmenin tüm seviyelerinden ayıran bir varoluş biçimidir.

Özetle, istismara uğradığımızda, sorunların icadı ve seks sırasında ortadan kaybolmak, ilişkide yaşadığımız sorunların en yaygın iki şeklidir.

Bu sorunlar istismara özel değildir, ancak istismara uğramış birçok insanda kesinlikle yaygındır. Sorunları icat ettiğimiz gerçeği etrafında daha fazla farkındalık kazanmak ve bedeni bıraktığımızda, ona daha fazla bağlanmak, bu zorlukları çözmenin ve ilişkide daha fazla anda olmanın iki yoludur.

Bir sonraki bölümde, istismarın hayatımızı etkilediği üçüncü yolu keşfedeceğiz ve bu da kariyer ve para alanıdır.

7

BÖLÜM YEDİ: PARA VE KARİYER

İstismarın paranızda, kariyerinizde ve mali durumunuzda da ortaya çıktığını hiç fark ettiniz mi? Belki bedeninizden ve ilişkilerinizden daha az belli olabilir, ancak yine de önemli bir rol oynar. Çoğunlukla suistimalin bir sonucu olarak kendimize değer verme şeklimiz ve alıp kabul etmeye izin verdiğimiz düzey doğrudan ilişkilidir. Bir patron veya kaba biri için çalışmaya razı oluruz. Hayallerimizden ödün veririz ve bu süreçte kendi değerimizin altını oyarız. Bunların hepsi kendini suistimal etme biçimleridir. İstismarı düşündüğümüzde, fiziksel istismar ve cinsel istismarı düşünme eğilimindeyiz. Ancak parayla çoğu zaman çalkantılı bir ilişkisi olan sadece istismara uğramış olanlar değildir. Bu aynı zamanda ilişkide birbirimizi istismar etmenin yollarından biridir.

Bu bölümde, programlama ve şartlanma nedeniyle hayatınıza para akışını nasıl engellemiş olabileceğinize odaklanacağız. Ayrıca başkalarının para ve mali konularda sizi suistimal etmelerine nasıl izin verdiğinizi de inceleyeceğiz.

Para ile ilgili İstismar

Para istismarını teşhis etmek biraz daha zordur. Genellikle parayla ilgili tuttuğumuz inançların veya bakış açılarının, ya da parayla etkileşim şeklimizin etrafında bir gölgeye dönüşen, taşıdığımız gizlilik ve utancın farkında değiliz.

Paranın etrafındaki arka planında gizlenen şey, her zaman oradadır. Ne olduğunu bilmiyorsunuz - sadece 'kötü' veya 'yanlış' hissettiriyor. En azından fiziksel veya cinsel istismardaki taciz gibi görünmediği için gerçekten emin olamıyorsunuz.

Para Programlarınız

İşyerinde, ailelerde, kiliselerde, tarikatlarda ve dinlerde paranın kontrolü ve manipülasyonundan daha büyük bir manipülasyon olamaz. Bunların hepsi bir tür beyin yıkamadır. Bu radikal canlı varlıkları gerçekten sınırlı, kısıtlı ve belirli bir şekilde içeride tutmanın bir yolu. Bu şekilde kontrol ediliyoruz ve küçük kalmamız öğretiliyor.

Doğduğumuz andan itibaren, bilinçsizce parayla ilgili her türden fikir alırız. Bize "Para tüm kötülüklerin köküdür" veya "Gerçekte olduğundan daha önem verme" dendi. Genellikle ailelerimizin kazandıklarının ötesine geçmemeye programlanırız. Kültürel programlamamızın çoğu, sıradanlığın iyi bir şey olduğu, üzerinde çalışmamız gereken bir şey olduğu yönündedir. Ve sonra hayatlarımızı bu bilinçsiz programlara göre oynarız, derin bir parçamız ise razı olduğumuzdan daha fazlası olması gerektiğini bilir.

Radyo programlarımdan birinde dünyaca ünlü iş danışmanı Simone Milasasa ev sahipliği yaptım. Simone'a daha keyifli bir iş ilişkisi kurmaları için koçluk yaptığı insanlarda gördüğü en büyük engelleri sordum. Çoğu insanın kendilerini engellemesinin kaynağının, parayla ilgili hikayelerinin üstesinden gelememeleri olduğunu vurguladı.

Bir arkadaşının para konusunda nasıl belli belirsiz bir suistimale maruz kaldığını paylaştı. Bu kişinin ebeveynleri sürekli "Bunu yapamayız çünkü bir çocuğumuz var" veya "Bir çocuğumuz olduğu için paramız yok" diyerek tartışırlarmış. O tek çocukmuş. Hayatı boyunca, "Ebeveynlerimin bana sahip oldukları için hiç parası yok" ve "Doğarak verdiğim zararı telafi etmem gerekiyor" diye düşünerek büyümüş.

Program sırasında hala ailesiyle yaşıyordu. Kendi hayatını yaratmak yerine onları desteklemeye çalışıyordu. Bu, çocukluğu boyunca sinsice aldığı bir karardı ve bu kişi hâlâ bu hikayeyi günümüzde yaşamayı seçiyor.

Öğrendiğimiz bu tür kalıplar, bir biyomimetik taklit biçimi haline gelir. Dördüncü Bölümden hatırlarsanız, bu bize öğretilenleri tekrarladığımız zamanlardır. Erken programlamamızın koşullarını tekrarlayarak para konusunda kendimizi istismar etmeye devam ederiz. Bize bir başkasının acısını, kararlarını, yargılarını, yollarını ve para etrafındaki gerçekleri modellememiz öğretildi.

Farkında bile olmadan bir başkasının acısını, kararlarını, yargılarını, yol ve yöntemlerini ve paranın etrafındaki gerçeklerini bilmeden modellememiz öğretildi, bu da kendi gerçekliğimizi seçme yeteneğimizi etkili bir şekilde azaltıyor.

Para İstemeyerek Kendimizi İstismar Etmek

Para konusundaki istismarımıza dönüşen sadece geçmişin kalıpları değildir. Aslında para istemeyerek de kendimizi suistimal ettiğimizi görebiliriz. Bunu yapmamızın bir yolu, paranın o kadar önemli olmadığını veya onsuz yapabileceğimizi varsaymaktır. Diğer durumlarda, kendi değerimize sahip çıkmaktan korkarız. Kendi değerimizi istemek yerine sadece küçük bir miktar para isteriz.

Evren sunacağı bir çok şeyle oradadır ve biz istemeyiz bile.

— *SİMONE MİLASAS*

Yaşamak için ihtiyaç duyduğun şeyle olasılıklarla dolu bir hayat yaşamak için ihtiyaç duyduğun şey arasında büyük bir fark var. Yine, bu da geçmişinize dayanır. Belki de ne istediğini sorduğun için azarlandınız ya da risk almamanız öğretildi. Soru şu ki,

- *Hala bu azarlama noktasından mı yaşıyorsunuz?*
- *Birinin size öğrettiği bir şey yüzünden hala risk almadan, daha azını mı istiyorsunuz?*
- *Ya da bunun yerine, sadece faturaları ödeyecek kadar değil de, gerçekten para istemenize izin verildiyse?*

Röportajımızda Simone, "Bence faturaları ödemekten çok daha değerliyiz. Faturalar değil, değeri olan sizsiniz. Ya kendini kabul etmeye ve kendinize değer vermeye başlasaydınız? Bu neye benzerdi?" dedi.

GÜNLÜK TUTMA EGZERSİZİ: PARA FARKINDALIĞI

SANA "daha fazlasını isteyemeyeceğini" kim söyledi?

Sonuç olarak kimi taklit ediyorsun?

Para yüzünden hayatında ne kadar stres var?

Bunun nasıl bir çeşit kendini sınırlama ve istismar olduğunu görebiliyor musun?

Paranın Yalanları kitabımda ve para atölyelerimde şu üç soruyu sorarım:

- Kim oluyorsun?
- Ne oluyorsun?
- Hangi yalanı benimsiyorsun?

Bulduğum şey, para sorununun genellikle bir "alıp, kabul etme" sorunu olduğudur. Alıp kabul etme sizin için ne anlama geldiğine bağlı olarak, bu fikirleri paraya (ve diğer alıp kabul etme biçimlerine) yansıtabilirsiniz. Mesela bir kahve almaya gidiyorsunuz. Mali durumunuzla uğraşıyorsunuz ve her şeyde bir eksiklik ve darlık hissediyorsunuz, bu da parayı kısıtlamanıza neden olur. Kahveniz için ödeme yaptığınızda, genellikle yaptığınız 1 dolarlık bahşişi yerine, para konusunda endişelendiğiniz için bahşiş vermemeyi tercih edersiniz. Bu, Travma Sonrası Büyüme anı için bir fırsattır, durup kendinize sormak için, "Kim oluyorum?" (annem), "Ne oluyorum?" (yoksul) ve "Hangi yalanı benimsiyorum? (Dardayım bu yüzden bahşiş veremiyorum). Bunun bir yalan olduğunu anladığında, şimdi döngüyü kırmak için bahşişi vermekten çekinmeyin.

PARA İLE İLGİLİ STRES VE RAHATSIZLIK

Kredi kartı borcu ve parayı kullanma şekliniz sizin için stres yaratıyorsa, bunun farkına varın ve kucaklayın. Çoğu insan para sorunlarına veya banka hesaplarına bakmak istemez. Her ay ne kadar üretmeleri ve yaratmaları gerektiğini bilmek istemezler. Sadece o hamster çarkında kalmak isterler. Kendilerini, "Bu kadar kazanırsam iyi olacağım" inancına kilitlerler. Ancak bir şeyin değişmesi için rahatsız olmanız ve her yönüne bakmanız gerekir. Parayla ilgili her şeyin farkına varırsanız, kendinize mevcut konfor seviyenizin ötesinde bir şeyler üretme ve yaratma izni verebilirsiniz.

Para uzun zamandır ortalıkta. Takas sisteminde yaptığımız gibi, yumurtaları domuzlarla takas ettiğimizde bile, bu hala bir tür paraydı. Bununla ilgili bir dizi sabit bakış açısı oluşturdunuz, bu yüzden kendinize karşı nazik olun. Ama kendinizi de suistimal etmeyin. Değişikliğin gerçek-

leşmesine istekli olun, ancak bir gecede değişmezse, bunun için kendinizi yargılamayın veya Suistimal etmeyin.

— SİMONE MİLASAS

GÜNLÜK TUTMA SORULARI: PARA İLE NASIL KONUŞUYORSUN?

Daha fazla paranın gelmesi için konuştuğun zaman ne olur?

Onu almaya istekli misin?

Bu konuşma bedeninizi hafif mi yoksa ağır mı hissettiriyor?

Bunu karşılayamam ya da gidemem dediğinizde enerjine ne oluyor?

Kullandığın kelimeler ve dil aracılığıyla parayla ilgili ne yaratıyorsun?

Para da dahil olmak üzere her düzeyde uyanmak ve kendinizi suistimal etmekten vazgeçmek, gerçekten seçimle ilgilidir. İnsanlar bana sık sık, "Suistimalden vazgeçmek o kadar kolay değil" diyorlar. Aslında kolay. Her şeyin bir seçim olduğunu hatırlarsanız ve yaptığınız şeyde uyanmayı seçerseniz, bu kolaydır. Aslında, içeride neler olup bittiğini fark ederek ve o anda kendinize şu tür soruları sormak için duraklayarak bunu değiştirmek için bir seçim yapabilirsiniz:

- Bu hafif mi?
- Bu iyi hissettiriyor mu?
- Bu beni yok mu ediyor yoksa istismar mı ediyor?
- Bu beni besliyor mu?
- Bu arzuladığım geleceği yaratıyor mu?

PARANIN SAMİMİYETİ

Paranızla ne kadar yakınsınız? Başka bir deyişle, bilmiyormuş gibi yaptığınız veya bildiğinizi inkar ettiğiniz para hakkında ne kadar bilginiz var? Para hakkında bize öğretilen veya öğrendiklerimizden işlemek yerine, gerçekten ne bildiğimizi bilmemize izin verdiğimizde, bu durum hayatımızda ve yaşamımızda inanılmaz bir bolluk akışı açabilir. Halbuki istismar kafesinin içinde, "Hasarlı bir ürünüm ve kusurluyum veya alabileceğimin bir sınırı var." gibi sabit bakış açılarına, sınırlamalara ve inançlara kilitlenmişsinizdir. Bu öğrenilmiş fikirler ve inanç sistemleri, parayı üzerinizde süper güce sahip birşeye dönüştürür ve bu kendinizi değersizleştirmenize ve kendinizi küçültmenize izin vermenize neden olur.

Bilincimizin, zamanın başlangıcından beri depolanan büyük bir enerji ve bilgi topluluğu olduğuna dikkat etmek önemlidir. Bütün kültürler, aileler ve bireyler, para ve parayı alıp kabul etme konusunda Roma dönemi kadar erken zamanlardan itibaren sınırlayıcı inançlara sahip olabilirler. Atalarınızın geçmişini ve parayla ilgili görüşlerinizi biliyor musunuz? Bilincimiz, bu erken sistemlerin devalüasyonunu ve bozulmasını taşıyabilir. Bunu anlamak, inandığınız şeyin gerçekten size ait olup olmadığını sorgulamanıza neden olabilir.

'Kirli' Para

Parayla olan ilişkimiz genellikle kendimizin fahişeliğine sebep olur. Bedenimizi seks için satmaktan bahsetmiyorum. Para karşılığında yapmak istemediğimiz bir iş yapmaktan bahsediyorum. Pek çok insan kendilerini sevmedikleri veya ebeveynlerinin peşinden gitmelerini istediği bir işte veya kariyerde çalışırken bulur çünkü para 'açlıktan ölmek üzere olan bir sanatçı' olmaktan daha iyidir. Asıl soru, işiniz sizi tatmin ediyor mu? Yoksa günün sonunda tükenmiş mi hissediyorsunuz?

Paranın nereden geldiği ve hayatımıza ne tür parayı kabul edip etmeyeceğimiz konusunda da bakış açılarımız var. Bu günlük "davet edilmeyen" parayı yaratabilir.

Tozlu para, uyuşturucu parası, kötü para, iyi para, temiz para, hepsi kendini parayla kirletme fikri etrafında döner. Para için neyin kabul edilebilir olduğu ve neyin kabul edilemez olduğu konusunda kendimizi belirli şeyler için yargılarız.

— KASS THOMAS

GÜNLÜK TUTMA EGZERSİZİ: PARA OLUMLAMASI

Bugün parayı 'davet etmediğim' her şeyi iptal ediyorum ve şimdi alıp kabul ediyorum! Teşekkür ederim! Minnettar ve müteşekkirim!

Bugün alıp kabul etmeyi 'davet etmediğim' her şeyi iptal ediyorum ve şimdi alıp kabul ediyorum! Teşekkür ederim! Minnettar ve müteşekkirim!

Bugün kendimi, kendim olmaya 'davet etmediğim' her şeyi iptal ediyorum ve şimdi alıp kabul ediyorum! Teşekkür ederim! Minnettar ve müteşekkirim!

Bütün bunlar bizi görünmez kafesimizde kilitli tutan, paramızın etrafındaki gölgeye katkıda bulunur. Paranın, para birimi olmasına ve hayatımıza akıcı bir şekilde girmesine izin vermediğimizde, 4D'lerin davranışlarına yöneliriz - inkar etmek, savunmak, ayrışmak, bağlantıyı kesmek - ve bu, daha sonra 'finansal gerçekliğimizi' yaratır.

Özetle, parayla kendimizi suistimal ettiğimiz çeşitli gizli ve açık yollar vardır. Deneyimlerimize ve programlarımıza dayalı olarak alıp kabul edebileceğimize inandığımız şeylere sınırlamalar koyarız. Bazen taciz durumlarında değersizleştirildiğimiz için kendimizi değersizleştiririz. Parayla yakınlaşmak için, neyin bize ait olduğunu ve neyi diğer insanların sahip olduklarından satın aldığımızı kabul etmeliyiz. Para konusunda doğru olduğuna inandığımız şeyin aslında inandığımız bir yalan olduğunun farkına varırız - ve bu arada gerçekten arzuladığımızın tam tersini yaratırız. Para genellikle farkındalığımızı kestiğimiz bir alan olduğundan, onunla ilişkimizi keşfederek çok şey kazanırız. Sonra farklı bir seçim yapılabilir.

ÜÇÜNCÜ BÖLÜM: KAFESTEN KAÇIŞ

İSTİSMARIN ÖTESİNDE VE RADİKAL CANLI

8

BÖLÜM SEKİZ: İSTİSMAR KAFESİYLE ARKADAŞ OLMAK

İstismar kafesi ile arkadaşlık kurmaktan bahsettiğimde, en başta kafesi yaratan deliliğin ötesinde bir yerden kendinize bağlanmaktan bahsediyorum. İstismar kafesi ile arkadaşlık kurmak, kafesten bağımsız var olan özgürlük, neşe ve olasılıkla bağlantı kurmak demektir. Kafesten çıkmak için herhangi bir şeyi geri almanıza gerek yok - ve benim yaklaşımımın daha önce deneyimlediklerinizden kökten farklı olduğu yer burası olabilir. Bunun yerine, olanların ötesinde nasıl seçim yapacağınızı öğreneceksiniz.

İstismar durumunu devam ettirmenin ötesinde nasıl seçimler yapacağınızı öğrenebilirsiniz. Tüm hayatınız boyunca başınıza gelenlerin (ister tek olay, ister bir dizi olay olsun) hayatınızı yönetmeden nasıl yaşayacağınızı keşfedeceksiniz. Benim için, yaşadığım istismarın beni tanımlamasına izin vermemeyi seçiyorum. Bu, her an nasıl görüneceğimi aktif olarak seçtiğim ve bu terapi modelinden çok farklı devam eden bir süreçtir. Bu, bozulan bir şeyin düzeltilmesi gerektiği ve düzeltiği zaman her şey iyi olacak inancına taban tabana zıttır. Üç yaşında korkunç bir istismar sırasında bilincimin bedenimi terk ettiği bir deneyim yaşadım ve küçük tatlı bedenimde yaşanan şiddeti ve tecavüzü izledim. Bedenime ne yaparlarsa yapsınlar, asla BEN'i elde edemediklerini ve BEN olma seçimimi asla elimden alamayacaklarına karar verdiğimi hatırlıyorum. Şu anda hala bir seçeneğiniz var — tıpkı o zaman benim yaptığım gibi — acı veya olumsuzluk içinde mücadele ediyor olsanız bile. Sizin varoluşunuz asla ve asla kırılamaz. Kırılmış hissedebilirsin ama aslında asla kırılamazsınız.

Bildiğim bir şey; her birimizin bir hikayesi olduğu.

Yol boyunca her birimiz ezikleri, çürükleri ve daha da kötülerini topluyoruz.

Ayrıca, hangi aşağılamalara, istismarlara, travmalara veya aksiliklere katlansak da HİÇBİR zaman kırılmadığımıza inanıyorum. Mutluluk herkes içindir.

— JEWEL

Dünyanın dört bir yanındaki binlerce insanı istismarın üstesinden gelmeleri için desteklerken keşfettiğim şey, hızlı bir çözümle kafesten çıkamayacağımızdır. İlk önce farkındalığımızı artırmalıyız - kafesi çerçevelemeliyiz - aynen şu anda yaptığımız gibi. İnsanların sık sık "Ah, işte bu" dediğini duyarım. Hissedilen, ancak asla kabul edilmeyen ve genellikle adı verilmeyen bir duyguyu ifade etmeye çalışıyoruz. Ben buna en başından beri sanki odada bir fil pisliği varmış ve herkes sessizce etrafından dolaşıyormuş gibi derim. Artık onu görmezden gelmiyoruz. Kokuyor ve biz bununla uğraşıyoruz.

Bu kitabın geri kalanında, görünmez kafes hakkındaki farkındalığımıza daha derinden dalacağız. Sadece farkındalığınızı artırmakla kalmayıp kafesin ötesinde seçim yapmanıza da yardımcı olan araçları ve süreçleri sizlerle paylaşacağım.

FARKINDALIK

Kitap boyunca okuduğunuz gibi, kafesin ötesinde yaşamak için kullanmanızı önerdiğim ana araçlardan biri farkındalıktır. Bu, kafesin içinden ne zaman işlediğinizin farkında olmak ve kafes tetiklendiğinde hemen fark etmek anlamına gelir. Radyo programı katılımcılarımdan biri bana "Farkında olmakla uyanık olmak arasındaki fark nedir?" diye sordu. Bu önemli bir sorudur. Muhtemelen tetikte olmaya çok aşinasın. Tetikte olduğunuzda, kafesin içinden aşırı ihtiyat durumundan hareket ediyorsunuz demektir. Bu, başka birinin sizi alt etmesini beklediğiniz bir durumdur. Kırmızı alarmda yaşamak gibi.

Farkındalık farklıdır. Farkında olduğunuzda, evrensel ve sonsuz bir bilince bağlanırsınız. Hiçbir şeyle aynı fikirde yada hizalanmış değilsinizdir -ve hiçbir şeye direnmez ve reddetmezsiniz. Başka bir deyişle, kendinizi, kendi bakış açınıza bağlı hissetmezsiniz veya onu savunmaya ihtiyaç duymazsınız. Sadece fark ettin. O zaman bir gözlemci veya tanık olursunuz ve sizin için en yüksek ve en iyi şekilde yanıt vermeyi seçersiniz.

GÜNLÜK TUTMA EGZERSİZİ: HAFİF VE AĞIR

Farkındalıkla seçimler yapmak için, sizin için neyin hafif veya ağır olduğunu belirlemeye başlayabilirsiniz. Hafif hissettiren, arzuladığınız veya sizin için doğru olan şeydir ve ağır hissettiren, sizin için işe yaramayan veya sizin için bir yalan olandır. *

Şimdi sahip olmak istediğin bir şeyi düşün. Onu aldığınızda nasıl hissettiniz?

Şimdi değiştirmek isteyeceğiniz bir durum düşünün. Aklınıza getirdiğinizde bunu bedeninizde nasıl hissediyorsunuz?

Hayatınızdaki insanların ve faaliyetlerin bir envanterini çıkarın ve onlar hakkında düşündüğünüzde nasıl hissettiğinizi fark edin.

* Access Consciousness®'dan uyarlanmıştır

Sizler muhtemelen kafesin köşelerini, özgürlüğü ve olasılığı bildiğinizden çok daha iyi biliyorsunuzdur.

- Ya her an farkındalığı seçseydiniz?
- Dünyanız ne kadar farklı olurdu?
- Ya uyuşmak ya da ayrılmak yerine, neler olup bittiğinin gerçekten farkına varmayı seçseydiniz?
- Sizin için özgürlük nedir?
- Özgür olduğunuzu nasıl bileceksiniz?

Farkındalığınızı artırırken bir başka önemli faktör daha var, kafesi incelerken bunu yargısız bir alanda yapın. Kafesin yaratılmasındaki sınırlama ve eksikliğin meydana geldiği zamanda gerçek olduğunu unutmayın. O zamandan beri onu benimsiyorsunuz çünkü nasıl yapılacağını bildiğiniz tek şey buydu. Şimdi seçeneğiniz olduğunu keşfediyorsunuz ve bu yeni farkındalıktan hayatınızı seçebilir ve yaratabilirsiniz.

GÜNLÜK TUTMA EGZERSİZİ: KAFESİNİZİ TANIMA

Kafesin içinde olduğunuzda, onun biçiminde veya yapısında kaybolmadan dikkat edin ve aşağıdaki soruları bir yanıt 'aramadan' kendinize sorun. Sadece bir tanesini alıp kabul etmeye açık olun.

Bu beni besliyor mu?

Bunu değiştirmek için ne gerekir?

Bugün bunu hemen değiştirecek ne olabilirim, yapabilirim, sahip olabilirim, üretebilirim veya yaratabilirim?

Sonra, kafesle diyaloğa girmeye başlayın: "Beni korumaya çalıştığını biliyorum. O zaman yapabileceğin en iyi şeyi yaptın. Sen benim müttefikimsin ve bana yardım etmeye çalışıyorsun. "

Kendinize şunu sorun, "Bu benim için eğlenceli mi? Benim için eğlenceli olacak ne olabilirim, yapabilirim, sahip olabilirim, üretebilirim veya yaratabilirim? " O zaman sadece YAPIN! Seçim ve özgürlük şimdi gerçekliğiniz haline gelir.

Unutmayın, bu tek seferlik bir egzersiz değil, devam eden bir süreçtir. Muhtemelen bunu birkaç kez tekrarlamanız gerekecektir. Kafesin ötesinde yaşamak için bir anda ihtiyacınız olan şey başka bir anda tamamen farklı olabilir. Parçalamaya başladığınızda, kafesin farklı yönleri ortaya çıkacaktır. İşin püf noktası, hem kafesin içinde olduğunuz zamana dikkat etmek hem de onun ötesinde yaşamanızı sağlayacak farklı bir seçim yapmaktır.

BİLMEK, OLMAK VE ALGILAMAK

Bana radyo programımda istismar kafesinden "savaşarak çıkış yolunu" soran birkaç kişi oldu. Kafesten çıkmak için savaşmak zorunda olduğunuz inancı, hala uyum sağlamakta olduğunuz orijinal deneyimin enerjisi tarafından üretiliyor. Kimse savaşarak istismar kafesinden çıkamaz. Bu sadece aynısından daha fazlasını yaratacaktır. Bunun yerine, farklı bir şey olmakla, bilmek ve algılamakla ilgilidir. Bu aşılanmış ve asla gerçekten size ait olmayan inanç sistemlerinin ötesine geçmekle ilgilidir. Evet, onları bilinçsizce kendiniz de almış olabilirsiniz, ancak onları seçmedikçe, gerçekten sizin değildirler. Kafesten çıkmaya çalıştığınızda, yaratıldığı aynı yıkıcı enerjiden hareket edersiniz. Ve bunu yaptığınız da kendinizle arkadaş olmazsınız.

Ayrıca danışanların "Kafesin dibine inemiyorum" dediğini de duydum. Açık olmak istiyorum ki, bir kafes metaforunu kullanıyor olsak da ve onu üç boyutlu bir şey olarak imgeliyor olsanız da, kafesin tabanı yoktur. Bunu "dibine inmeniz" gereken bir şey olarak görmek, sizi bunun içinde kilitli tutacak bir sonuçtur. Kafesin etrafına biçim, yapı ve anlam koyarsanız, daha fazlasını yaratmaya devam edersiniz. Eğer bu şekilde görürseniz, iyileşmek için bir şeyi düzeltmek veya bir şeyin dibine inmek zorunda olan eski paradigmadan işliyorsunuz demektir.

Kafesin ötesine geçmeye başladığınızda keder duysanız bile, farkında olursanız, kederinizin altında büyük olasılıkla neşe olduğunu göreceksiniz. Ağlayabilirsiniz ama bıraktığınız gözyaşları etrafınızdaki parmaklıkların erimesidir. Seçim, her zaman var olduğunu bildiğiniz anda özgürlüğü yaratır.

Özetle, muhtemelen yıllarca, hatta on yıllardır sizi sessizce tutsak tutan şeyin adını koyduk. Daha önce "siz" olduğunu varsaydığınız ve şimdi aslında kafesin bir ürünü olan kalıpları ve programları fark etmeye başladığınızda tüm algınızın değişmesi muhtemeldir. Bu kitap boyunca görünmez kafesi, onun ötesine geçebileceğiniz daha fazla yolları birlikte keşfetmeye devam edeceğiz.

9

BÖLÜM DOKUZ: DEVRİM NİTELİĞİNDE BİR UMUT SOHBETİ

Eğer istismarla yaşadıysanız, umutsuz yaşamaya alışmış olabilirsiniz. İstismara uğramış olan herkese devrim niteliğinde bir umut mesajı vermek arzusundayım, böylece deneyimlediklerinin ötesine geçebilirler. Çalışmamda, dünyada birçok insanın derinlerde yeni bir olasılık sohbeti istediklerini keşfettim.

Dünyanın istismarı görme, algılama ve deneyimleme biçiminde radikal bir değişiklik çağrısında bulunuyorum. Bu rolü hafife almıyorum. Bu yaşamda şahsen yaşadığım fiziksel, duygusal ve cinsel istismar miktarının, istismarı ortadan kaldırmaya yardımcı olmam için bir kapı olduğuna gerçekten inanıyorum.

Öyleyse bu bölümde, hem içinizde hem de dünyanın genelinde istismarı dönüştüren yepyeni bir paradigmaya götüren bu devrimci umut konuşmasına başlamak istiyorum.

Herşeyin Ötesinde

Zaman içerisinde, bu amaçla bir dizi program geliştirdim, bunlara ROAR'ınızı Yaşayın - Sizin 'Radikal Orgazmik Canlı Gerçekliğiniz' de dahil. Buradaki anahtar kavram, "her şeyin ötesinde" fikridir. Bununla demek istediğim, daha önce tanımlanmış herhangi bir şeyin parametrelerinin ötesine geçebileceğimizdir.

ROAR'ınızı Yaşama ile ilgili bazı ilkelere ve "her şeyin ötesinde"nin tek tek aslında ne anlama geldiğine bir göz atalım:

- Şimdiye kadar yaşadığınız kafesin sizi hiç bitmeyen istismarın, engellerin ve sınırlama hikayesinin içinde tuttuğunu kabul etmek
- Yeni bir gerçeklik yaratma yeteneğine sahip olduğunuzu kabul etmek ve sizi şimdiye kadar kafeste tutan yapıları ve yalanları atmayı seçmek
- İstismarın ötesinde radikal canlı yaşamak için hayatınızda devrim niteliğinde bir değişim yaratma istekliliğine sahip olmak
- Size hafif ve doğru gelen kararlar vermek (başkaları sizi bunun için yargılasa bile)

- Kendinize sınırsız haz ve olanaklarla dolu bir yaşam yaratmak
- Hayatınızı tamamen uyanık, farkında ve mevcut yaşamak için ortaya çıkmak
- Her an kendinizi seçmek ve sizin için eğlenceli ve besleyici olan şeylere dayanarak hayatınızı yaratmak

En olumlu anlamıyla eğer gönüllüyseniz, bu çalışma gaddarlık derecesinde kendinize derin bir bağlılık gerektirir.

"Her şeyin ötesinde", demek sizden kim ayrılırsa, ne ölürse, ne sona ererse, hangi ilişkiden vazgeçerseniz, hangi iş veya kariyere geçerseniz ve sizi kim veya ne bırakırsa bıraksın, ne olursa olsun kendinizi seçmek anlamına gelir.

Bu keşif ve iyileşme sürecine adım attığınızda, bildiğiniz hayat değişecektir. Danışanlarımdan biri için "her şeyin ötesinde" yaşamak, kariyerinde, birlikte çalışmaya başladığımızda onu birkaç yıl içinde yıllık 20.000 $'dan 244.000 $'a çıkaran kararları almak anlamına geliyordu. Onun sözleriyle, süreç zordu ama sonuçlar devam etmesini sağladı.

İşim beni dünyanın her yerine götürüyor, ama ister evde ister yolda olayım, elimdeki tüm araçları kullanarak sürekli olarak kendi bilincim ve farkındalığım üzerinde çalışıyorum. Başkalarının kişisel gelişiminin yanı sıra profesyonel dönüşümü kolaylaştırdığımda, aynı anda, aynı şeyleri kendim için de yapıyorum. Size her şeyin% 100 kolaylıkla geldiğini söylemeyi çok isterim, ama bu aslında doğru olmaz. Kendi bedenimde epeyce fiziksel acı ve eski travmalar alevlendi. Hayatımda kendi referans noktalarımın ve daha önce ulaştığım her şeyin ötesine ulaşıyor olduğumu anlamaya başladım. Rahatsız edici ve yoğun olsa da, ortaya çıkan tüm engelleri, yoğunlukları ve acıyı kabul etmek bir seçimdir. Kendimizde ve hayatımızda tanımladığımız sınırlamalardan kurtulmak bir seçimdir. Seçim her zaman bizim için oradadır:

- Her şeyin ötesinde hafifliği ve neşeyi seçecek miyim?
- Kendim için yeni bir olasılığın enerjisini, alanını ve bilincini seçecek miyim?
- Ağırlığın ve acının, ıstırabın, travmanın, dramın ve mücadelenin ötesini seçecek miyim?
- Sizi geniş ve eğlenceli hissettiren nedir?
- Ağır ve uğursuz hissettiren nedir?
- Ağır ve uğursuz hissetmenin faydası nedir?

Bedeninizin size bunları söyleme yeteneği vardır, ancak onu kontrol etmeye alışkın değilseniz, bu size yabancı gelebilir. Bu tür farkındalığı ne kadar çok uygularsanız, o kadar kolay ve rahat hale gelecektir.

GÜNLÜK TUTMA EGZERSİZİ: YENİ SEÇİMLER

Sizi hafifliğe ve neşeye taşıyacak, yapmayı ertelediğiniz ve şu anda yapabileceğiniz bir seçim nedir? Bu yeni olasılık sizce neye benzeyecek?

VAKA ANALİZİ – CLIVE

Clive, Avustralya'daki bir günlük İstismarın Ötesi Radikal Canlı atölyeme katıldı. 60'lı yaşlarındaydı ve cinsel tacizinden hiç bahsetmemişti. 20'li yaşların başına kadar genç bir ergen olarak 10 yıl boyunca dedesi tarafından tecavüze uğramış ve bunu bir sır olarak saklamıştı. Avustralya'daki atölyeme girmeden önce bunu yalnızca bir kişiyle konuştu. Hiçbir zaman herhangi bir terapi yapmamıştı.

Clive'ı kolaylaştırdığımda, tüm oturum yaklaşık 45 dakika sürdü ve tüm sınıfın önündeydi. Günün başında, "Neden burada olduğumdan tam olarak emin değilim. Burada olmaktan ne alacağımdan emin değilim ama gelmem gerektiğini biliyordum." dedi.

Bunu söyler söylemez, onu kolaylaştırmama izin verirse, değişimin hemen başlayacağını biliyordum.

Birbirimizi soru yağmuruna tuttuğumuz deneyimlerden biriydi, pin-pon maçı gibi ileri geri sorular ve cevaplar. Sanki içinde bir şey, "Lütfen bunu bedenimden çıkar. Bunun hakkında konuşmama izin verin. Artık bunu istemiyorum." diyordu.

Travma ve istismarla ilgili sorgulama, cevap verme, araç ve teknikleri kullanma, eğitim ve öğrenimim yoluyla, Clive'ı kendi içinde kelimelerin ötesinde bir varoluş alanına taşıyabildim.

Doğru araçlarla ve doğru kolaylaştırmayla bırakmaya açık olduğumuzda, kısa zamanda muazzam bir şekilde değişebiliriz. Öte yandan umutsuzluk sizi istismar kafesine hapseder. Clive, bu konuda hiçbir şey bilmeden, ancak istismarın ötesine geçme isteğini bilerek bir sınıfa gelmiş ve bu süreçte kendisine de bir hediye vermişti. Bana artık hayal ettiği her şeyin ötesinde bir özgürlük ve alan yaşadığını söyledi.

ALIP KABUL ETME

Suistimalin ötesinde bir yaşam, kendinize daha fazlasını alıp kabul etmeye izni vermek anlamına gelir ve bunu nasıl yapılacağı ile ilgili birçok soru geliyor. İşte cevabım: Bisiklete binmek veya spor salonuna gitmek gibi. Bu, germeye devam etmen gereken bir kastır. İlk başta bazı eğitim çarklarına ihtiyaç duyabileceğiniz bir deneyimdir. Şu anda gerçekten rahat bir şekilde alıp kabul ettiğim bazı şeyler var, ama bunu pratiğini yaparak öğrenmek zorunda kaldım.

İstismara uğramış birinin gözünden alıp kabul etme fikri çarpıtılır. Benim durumumda, alıp kabul etme diye düşündüğüm şey aslında birinin beni yargılaması ya da bana "si*tir git" demesiydi. Alıp kabul etme diye düşündüğüm şey, birinin beni aptal diyecek kadar aşağılaması, ya da ailem tarafından bana verilen aşağılayıcı takma adlardan bazılarıydı. Alıp kabul etme diye düşündüğüm şey tecavüze uğramak, cinsel saldırıya uğramak ya da kilolu olduğum için lakapların takılmasıydı. Benim için alıp kabul etmenin anlamı buydu. Ve uzun süredir, gerçekliğimi dayandırdığım şeyde buydu. Öyleyse, almayla ilgili algılarınız çarpıtıldığında, almayı nasıl öğrenirsiniz?

Hafifse Doğrudur

Almanın bir altın kuralı var:

Eğer hafifse, doğrudur.

Bedeninizde herhangi bir gerilim, ağırlık, yoğunluk veya daralma hissedilirse, esnerseniz veya ayrışırsanız veya kişiden uzaklaşmak isterseniz, alıp kabul etme olmayan bir şey meydana gelir. Örneğin, birisi size istemediğiniz bir şeyi zorlamaya çalışıyor olabilir. O anda sizin için hafif ve doğru olanı alıp kabul etme seçeneğiniz var. Ağır ve yoğun olan her şeye bir son verin. Bu, alıp kabul etmeyle ilişkin ilk ve en önemli eylemdir.

Daha Fazlasını Alıp Kabul Etmek için Kendinizi Esnetin

Almanın ikinci dersi, algılanan alıp kabul etme sınırlarınızın ötesine kendinizi açmaktır. Bedeninizin her kasının, bağının, hücresinin, tendonunun, organının ve sisteminin sevgi ve özeni alıp kabul etme için esnediğini hayal edin - bunu hak etmediğinizi veya size göre olmadığını söyleyen eski ve tanıdık bir ses duysanız bile. Daha fazlasını alıp kabul etmeye devam etmek bir alıştırmadır. Muhtaçlık ve başkalarından isteme gibi eski enerji kalıplarından tamamen farklıdır. Benim için, bu genellikle geçmişimde pek çok kez olduğu gibi, alıp kabul etmenin bana sırt çevirmeyeceğine güvenmekle ilgilidir. Geçmişinizde travma olduğunda, bizim için var olan sevgiyi alıp kabul etmek için yapacak biraz fazladan işimiz olabilir, ama buna değer. Almak, sizin ve bedeninizin hak ettiği bir hediyedir.

Şu anda bir ilişkiniz yoksa, para, yemek, egzersiz veya kendi bedeniniz gibi başka şeylerle alıştırma yapabilirsiniz. Kendimizi, alıp kabul etmek için esneteceğimiz pek çok yol var:

- Yürüyüşe çıkmak
- Kendinizle ilgilenmek için bir gün izin almak
- Masaj yaptırmak
- Paranızın olduğunu inkar ettiğiniz bir şeyi satın almak.
- Kendinize sağlıklı bir yemek hazırlamak
- İlgilendiğiniz bir hobiye başlamak

Bütün bunlar alıp kabul etmenin yollarıdır. Ve bu kitaptaki tüm uygulamalarda olduğu gibi, tek seferlik bir çaba değildir.

- Her gün daha fazlasını nasıl alıp kabul edersiniz?
- Size sunulan hediyeleri tam olarak alıp kabul etmek için şu anda kendinizi nasıl açabilirsiniz?
- Sadece bugünlüğüne kafesinizi düşürseniz ve kendinizi görünmez kirpinizden kurtarsanız?
- Ya sadece bugünlük, kendinizi evrenin size harika bir şey göstermesi için açsanız?

Özetle, istismarın ötesine geçmenin ve dönüşüm için yeni ve devrimci bir umut sohbeti başlatmanın yeni bir yolunu açıyoruz. Bu bölümde bu sohbete değinmeye başladık, ve takip eden bölümlerde, basit bir konuşmanın ötesine geçmesini sağlayacak, hayatınızda daha fazlasını gerçekleştirebileceğiniz daha fazla pratik araç öğreneceksiniz.

10

BÖLÜM ON: DEĞİŞİM ARAÇLARI

Kendinizi görünmez istismar kafesinden kurtarmak bir süreçtir. Ne kadar düşünmek istesek de, bu tek seferlik bir hareket veya bir tür olaydaki numara değildir. Bazı terapiler durumun böyle olduğunu öne sürüyor, ancak bu bize satılmış olan şifalandırıcı bir efsane. Çoğumuz o anı bekledik. Deneyimlerime göre, bu şekilde çalışmıyor. Dışarı bir adım atıp, kafese geri çekilebiliriz. Bu yüzden, devam etmeden önce, kişisel şifa yolculuğunuzla ilgili her türlü yanlışlığı ortadan kaldırmanızı sağlamak istiyorum. Kafese geri çekilmenize izin verirseniz ve eğer bu başınıza gelirse bir yargılama yerinden işlemeyin, tüm yolculuk çok daha bağışlayıcı olacaktır.

İSTİSMAR İÇİN BİR DİL BULMAK

İstismar kafesinin ötesine geçmeye başlamanın yollarından birinin, olanların utancının ötesine geçmenizi sağlayacak bir sohbete girmek olduğunu keşfettim. Psikolojide "aleksitimi" adı verilen bir terim vardır. Bu, istismar deneyiminizle ilgili olarak kelimeleri ve duyguları tanımlayamamaktır. Kaç kez kendinizi bunun hakkında konuşmak için ağzınızı açtığınızda, kelimelerin çıkmadığını bir durumda buldunuz? Bu, deneyiminizi ifade edemeyen ve açıkça söyleyemeyen yanınızdır – bir ses, size kafesten dışarı doğru rehberlik edebilir.

SEÇİMİN 3 AŞAMASI

Bir süredir, muhtemelen istismar hikayesine eşlik ediyorsunuz. Bir sonraki aşama ise, aslında istismar hikayesine uyduğunuzu fark etmektir. Sonraki aşama, hikaye aracılığıyla kendinizi tanımlamayı bırakmaktır. Süreç şunun gibi görünecek:

1. Başka bir seçenek olduğunu bilmiyordum.
2. Başka bir seçeneğin olduğunu fark ettim ama bunu nasıl yapacağımı bilmiyordum.
3. Başka bir seçenek olduğunu gördüm ve bu konuda eyleme geçtim.

Üçüncü adım, bu kitapta odaklandığımız adımdır. Kafesten çıkıp radikal canlılığa girdiğimiz yerdir.

İSTİSMARIN ÖNCESİNE GİTMEK

İstismarı iyileştirmedeki en önemli unsurlardan biri, hem hafızayı hem de hayal gücünü içerebilen, istismar gerçekleşmeden önce nasıl olduğunuzu hatırlamaktır. İkisini de söylüyorum çünkü istismarın meydana geldiği yaşa bağlı olarak, hayatta nasıl olduğunuza dair net anılarınız olabilir. Bazen insanlar kim olduklarını hayal etmek için hayal güçlerini kullanmak zorunda kalırlar. Bunu bir kez başardığınızda, güvende olmanın ve sevginin bedeninizde nasıl bir his olduğuna dair yeni anıları kilitlemeye başlayabilirsiniz.

Atölyelerimde, istismar gerçekleşmeden önceki bir alana ve zamana giden ve o alandan bedenlerinin molekülleri ile iletişim kuran insanlar var. Bu, kendinizi, istismar gerçekleşmeden önceki gerçekten muhteşem varlık olarak moleküler düzeyde hatırlamak anlamına gelir. Sizi suistimal edilmeden ve kafes yerine yerleşmeden ve onun çarpık gerçeklik görüşünün içinden yaşamaya başlamadan önceye götürmek istiyorum. Bu inkarın, savunmanın, ayrışmanın ve bağlantının kesilmesinin bedeninizin yakıtı olmadan önceki yerdir. Otomatik yanıt sistemlerinizden ve kırmızı alarmınızdan işlemeye başlamadan önceki yerdir.

Gerçek şu ki, şu anki kendinize bakış açınızın dışında var olan bir mükemmelliğiniz var. Her şeyi doğru yaptığınız mükemmellikten bahsetmiyorum. Kendinizi, algılanan kusurlarınızın ötesinde gördüğünüz mükemmellik türünden bahsediyorum. Bir ayrılık yerinden ziyade bir olma durumunda yaşamaktan bahsediyorum. Evrenin sırtınızı kolladığını bilerek dünyaya gelmenizden bahsediyorum. Buna hiç sahip olmadığını söyleseniz bile, "yapamam" veya "yapmayacağım" veya "Bu benim dışımda, herkesin başına gelir" düşüncelerinin ötesine geçmenizi isteyeceğim.

Dördüncü bölümde, biyomimetik taklidi ve başkalarının acısını kendinizinki gibi üstlenmiş olabileceğiniz tüm yolları tartıştık. Şimdiye kadar, bu etrafınızda bir balon gibiydi. Gerçek birlik, bu balonun ötesinde sizi hatırlayan, bedeninizdeki o yere ve zamana dönüştür. Sevginin, kabulün, dinlenmenin, beslenmenin, güvenliğin ve bağlantının nasıl bir his olduğunu hatırlatır. Bu, bedeninizde bir olmayla, özgürlükle, alanla ve farkındalıkla titreşen ve çarpan - dans eden - dinamik bir alandır.

Neşeye güvenmenize ve onu kucaklamanıza izin verin.

Kendinizi her şeyle dans ederken bulacaksın.

— *RALPH WALDO EMERSON*

Bu gerçekten olduğun inanılmaz varlığın bilinmesi, var olması, algılanması ve alıp kabul edilmesidir. Bu sizde yanlış bir şey olmadığını ve asla olmayacağını derin bir şekilde bilmektir. Gerçekten yanlış olan tek şey, sizin görünmez bir istismar kafesine etkili bir şekilde sarmalayan bir hapsedilme, acı ve travma hikayesinde yaşıyor olmanızdır. Yanlış olan, gerçek öz doğanızı hatırlayan ve oradan yaşayan güzel sizden kopukluğunuzdur.

VAKA ANALİZİ — EMMA

Emma ile çalışırken, istismardan önce bedeninin nasıl olduğunu sordum. Bunu özgür, eğlenceli ve yaratıcı olarak nitelendirdi. O zamanlar ne kadar yaratıcı ve güçlü olduğunu hatırladı. Çocukken parmak uçlarında sihir varmış gibi hissedermiş ve o yerden hayalini kurduğu her şeyi yapabilirmiş. Çocuksu bir masumiyet mevcuttu. Moleküler düzeyde bu alana daha fazla girdikçe, özgürce koşabileceğini hissetti. Dünyaya aldırış etmediğini hatırladı. İstediği her şeyi üretebilir ve yaratabilirdi. Tüm bunları gerçek bir deneyim olarak hissetti ve bu, bedeniyle olan ilişkisinde buna karşılık gelen bir değişikliğe neden oldu.

Anlaşılması gereken önemli bir nokta, iletişim kurduğunuz moleküllerin istismardan önce de var olduğudur. Asla gitmediler ve asla götürülmediler. Bunu anlamadığımızda, kaybettiğimiz bir şeyi bulmamız gerektiğini düşünürüz. Hiçbir şey kaybolmadı. Sadece istismar hikayesinin ve bu istismarın bir sonucu olarak karar verdiğiniz her şeyin altına gizlendiler, bunun üstesinden nasıl geleceğinize, iyileştireceğinize ve değiştireceğinize dair fikirler de buna dahil.

ENERJİ EGZERSİZİ: MOLEKÜLLERLE BİRLİK

Bedeninizin dinlenme, beslenme, güvenlik, sevgi ve kabul alanında yaşadığı en az bir ana geri dönmenize izin verin. Bu, evrenin arkanızı kolladığını bildiğiniz ve her zaman sizi sevmek, desteklemek ve vermek istediğini bildiğiniz gerçek bir paylaşım alanıdır.

İstismar gerçekleşmeden önce yüksek sesle bir zaman, yaş ve yer belirtin. İstismardan önceki ve sonraki birlik alanına ulaşmak için, bu durum gerçekleşmeden önceki bir alan ihtimaline esnemeniz gerekir.

Bedeninizin bu duyguyu daha fazla genişletmesine izin verin. Daha sonra bu duyguya uyan bazı aktiviteler yapın. Bu, sıcak bir banyo yapmak, bir mum yakmak, bir müzik parçası dinlemek, doğada yürümek veya evcil hayvanınızla oynamak kadar basit olabilir.

Bu egzersizi günde en az bir kez yapmanızı tavsiye ederim. Bu egzersizi yaparken enerjinizde değişiklik olup olmadığına dikkat edin: Serin bir esinti mi yoksa hafiflik mi var? Bir şeyin değiştiğine dair küçük bir fikir bile edinirseniz, istismardan önce, istismarın ötesine geçerek birleşme yaşarsınız.

Bu yeni model altında istismarı iyileştirmek için seçim yapmayı gerektirir, ancak istismar gerçekleşmeden önceye geri dönerek istismarın ötesine geçme seçeneği ilk başta size imkansız görünebilir. İstismar hikayesi uzun zamandır oradaydı. Asla onsuz olamazdın. Bunun ötesine geçmeyi düşünmek bile radikal bir bakış açısı değişikliği gerektirebilir.

GÜNLÜK TUTMA EGZERSİZİ: FARKLI SEÇİM YAPMAK

Ana karakterin aynı gün tekrar tekrar yaşadığı *Groundhog Day* (Köstebek Günü) filmini izlediniz mi? Aynı günü defalarca nasıl yaşıyorsun?

Bunun ötesinde bir seçim yapmanız için ne gerekir? Nasıl farklı seçebilirsin?

Kafesin ötesine geçmenin bir parçası, istismardan daha fazlası olduğunuzu keşfetmenizdir. İstismardan ve tacizciden ayrı bir siz var. Başınıza gelen her şeyin ötesinde bir siz var. Ve onun yüzünden karar verdiğiniz her şeyin ötesine geçmek bir seçimdir. Bu, istismarın arka planda kalmasına izin verir, böylece gerçekliğinizi üretmeniz ve yaratmanız için alan olur.

Aşağıdaki yedi adım, kendi gerçekliğinizin farklı ve ayrı olarak tanımlama sürecinde sizi destekleyecektir. Her adımın diğerine dayandığını unutmayın, bu nedenle bir "yapılacaklar" listesi gibi bunlara tik atmayı beklemeyin. Buradaki amaç bu değil. Her adım, kendinizi özgürleştirme yolculuğunuzda ilerlerken size daha fazla seçenek sunan, farkındalığınızdaki bir ışık noktasıdır.

Birinci Adım: Kafesinizi ve sizin için işe yaramadığını kabul edin.

İkinci Adım: İnkar etmek ya da savunmak yerine kafesinize bakmayı seçin.

Üçüncü Adım: Serbest bırakmak için bir seçim yapın. Onu değiştirmeye karar verin.

Dördüncü Adım: Destek alın ve hikayenizi paylaşın. Unutmayın, bu acıyı paylaşmaktan farklıdır. Bunun yerine, sizi güçlendiren ve paylaşabileceğiniz birini bulun, "İşte olanlar bu şekilde, bunun üzerinden nasıl geçebilirim?" Destekle, içinizdeki farkındalığı oluşturmaya başlayabilirsiniz.

Beşinci Adım: İstismara uğramadan öncesini, nasıl bir şey olduğunu hatırlayarak veya hayal ederek yaratıcı kapasitenizle bağlantı kurun.

Altıncı Adım: İstismar hikayesiyle örtülen, sizde büyülü bir şey vardı ve halen var.

Yedinci Adım: Kendiniz olun - gerçek, ham, kesilmemiş, sansürsüz. Burada hikayenizin ötesinde, geçmişinizin ötesinde, gerçekliğinizin ötesinde yaşıyorsunuz.

GÜNLÜK TUTMA EGZERSİZİ: NEYİN FARKINDA OLUYORUM?

Aşağıdaki soruları keşfedin:

Şu anda benim gerçekliğimi değiştireceğini kabul etmediğim hangi farkındalığa sahibim?

İstismardan önce neyin farkındayım? Ben olmak nasıldı?

Şimdi ne yaratmak isterim?

Şimdi beni eski istismar hikayesinin ötesine götüren ve bana farklı bir olasılığa ilham veren neyi seçebilirim?

Özetle, gerçek benliğiniz hakkında daha büyük bir farkındalık oluşturmanıza yardımcı olmak için değişim araçlarını araştırdık - başınıza gelenlerden asla zarar görmeyen, ancak istismar hikayenizin altına gömülmüş bir benlik. Bu benlik - büyülü sen - sadece fark edilmeyi bekliyor. Bu, şuanda seçim gücünü ellerinize koyuyor. Şimdi radikal canlı olmayı seçiyorsunuz.

11

BÖLÜM ONBİR: BİLİNÇALTI İŞLETİM SİSTEMİNİZİ GÜNCELLEME

Bilgisayarınızdaki işletim sistemini güncellemediğinizde ne olduğunu hiç fark ettiniz mi? Eski, güncel olmayan ve bozuk dosyalarınız tümü bilgisayarınızın performansını ciddi şekilde düşürebilir. Bilinçaltı zihninizde de durum aynıdır.

İstismar veya travma yaşadığımızda bedenlerimize yerleşen ve kilitlenen inançlara dayanan pek çok koşullu yanıt sistemi vardır, böylece aniden her durum bir yanıt ve seçim yerine, tetikleyici ve tepkiye dönüşebilir. Bilinçaltı programlamanızı güncellediğinizde, şimdiyi üretip yaratabilmeniz için geçmişi serbest bırakırsınız.

Yalanlardan Kurtulmak

Sizin için en büyük yalanları ve en büyük zorlukları yaratanın kendi psikolojiniz, zihniyetiniz ve inanç sistemleriniz olduğunu gerçekten netleştirmelisiniz. Sadece sizi kim olduğunuzdan ve özgürce yaşamayı seçeceğiniz hayattan daha da koparan kurallar ve davranışlar belirlemekle kalmayıp, aynı zamanda dış gerçekliğinizin nasıl ortaya çıkacağını da etkiler.

Bu, size asla istismarın ötesinde yaşayamayacağınızı, asla gerçekten olduğunuz güçlü, parlak, olağanüstü varlık olamayacağınızı "kanıtlayan" kendi kendini gerçekleştiren bir deneyim haline gelir.

Soru şu ki:

- Gerçekte daha ne kadar istismar yaratmanız ve bunlardan acı çekmeniz gerekiyor?
- Ne zaman yeterince yeterli olur?
- Gerçekliğiniz olarak somutlaştırmayı öğrendiğiniz yalanlarla artık yaşamamayı ne zaman seçeceksiniz?

GÜNLÜK TUTMA EGZERSİZİ: YALANLARIN FARKINDA OLMAK

Şu anda hayatınızda yalanlara dayalı olarak yarattığınızı bildiğiniz 10 şeyi yazın. Onlara bedeninizin perspektifinden, mali durumunuzun perspektifinizden, ilişkinizin perspektifinizden, kariyer veya işinizin perspektifinizden, kendinizle konuşma şeklinizden, kendinizle ve başkalarıyla etkileşim kurma şeklinizden bakın.

Unutmayın, bu kendini yargılama değil, farkındalık alıştırmasıdır.

Kendinizin veya Başkalarının Yargısının Ötesinde

Kendinizi yargıladığınızda, kendinizi yanlışlığınıza daha da kilitlersiniz. Nedense, ne kadar yanıldığınızı, ne kadar kötü olduğunuzu, ne kadar korkunç olduğunuzu vb. bilmek büyük bir rahatlık sağlar. Ve bu gerçek salgın ve daha fazla istismar için bir üreme alanıdır. Aynı zamanda sizi bir kalıpta tutar ve şu anda asla olduğunuzdan daha fazla olmanız gerekmeyeceğinizi garanti eder.

GÜNLÜK TUTMA ALIŞTIRMASI: YARGIYA BAKMAK

Yanlışlığınız ve kötülüğünüz hakkında kaç yargıya sahipsiniz?

Kendiniz hakkında 'hasarlı ürün' veya bozuk kişi olarak kaç yargıya sahipsiniz?

Bu yargılardan kaç tanesi sizi "geri çekilme" pozisyonunuzu getirdi, böylece asla istismarın ötesine geçip bildiğiniz rahatlığa ve güvenliğe geri dönmüyorsunuz?

Bu soruları bedeninizde nerede deneyimlediğinize dikkat edin. Her nerede hissediyorsanız, orası yargıladığınız yerdir.

Bir başkasını yargıladığınızda, aslında kendi içinde görmeye istekli olmadığınız şeyleri savunuyor, bağlantınızı kesiyor, reddediyor ve ondan ayrışıyorsunuz. Bunun nedeni, gerçekte içinizde yargıladığınız şeyi başkalarının size yansıtmasıdır. Bu sizi gerçekte kim olduğunuza dair sınırlı bir bakış açısında kilitli tutar. Bu yüzden her zaman parmağınızla gösterdiğiniz dün gece, geçen hafta, geçen ay veya 20 yıl önce olanlarla ilgili olarak, kendinizden sorumlu olmak istemediğiniz bir şeyi gerçekten inkar ediyor, ayrışıyor, bağlantıyı kesiyor ve savunuyorsunuz. Bu yüzden onu bırakmak çok zordur. Bu şekilde kafeste kilitli kalırsınız.

Yargı, kendi içinizde görmek istemediğiniz ve göremediğiniz şeyin değerini düşürmek ve reddetmekle ilgili olduğundan, kendinizin üzerindeki baskıyı hafifletmek için yargıyı başkasına yükler veya yansıtırsınız. Bununla birlikte, bu baskıyı hafifletmenin tek yolu bu değildir. Örneğin, bir danışanla çalışırken, onlara enerjik olarak bu baskıyı, bu yargıları yeryüzüne vermelerini sağlarım. Ayrıca yargılarızı aşamalı olarak da silebilirsiniz. Benim düşüncem, eğer bir ömür boyu kendinizi yargılamaya alışmışsanız, her zaman hayatınızda muazzam değişiklikler yaratmaya çalışıyorsunuzdur çünkü iyi olmanız için bir şeylerin değişmesi gerektiğine inanıyorsunuzdur. Ancak başarı, yalnızca bir derecelik değişiklikle olabilir.

ENERJİ ALIŞTIRMASI: YARGILARINIZI YERYÜZÜNE BIRAKMAK

Yargı sizi kapatır ve bedeninizle olan bağlantınızı keser, bu yüzden yargılamanın ötesine geçmenin ilk adımı yeniden bağlanmaktır. Sessiz bir yerde oturun, gözlerinizi kapatın ve birkaç derin nefes alın. Zihninizi ve bedeninizi birbirine bağlamak için ağzınızdan nefes alın. Enerjinizi dünyanın derinliklerine ve içine doğru genişletin. Her nerede ağırlık veya yoğunluk hissettidiyorsanız ve onu büyük bir nefesle yeryüzüne fırlatın. Bu, yeryüzüne bir adaktır. Yargılarınızı yeryüzüne sunduğunuzda, bu, bedeninizi özgürlüğün, alanın ve gerçeğin, gerçekliğiniz olmasını engelleyen yoğunluk ve ağırlıktan kurtarır. Dünya gerçekten yargının bulunmadığı yerdir.

Bedenimizden yeryüzüne verdiğimiz ve katkıda bulunduğumuz her şey onun tarafından yenir. Bu yeryüzüne yakıt gibi gelir ve onu yenileyebilir. Artık taşımak zorunda kalmamak için bedenimizden alınabilir ve dünyanın iyiliği için kullanılabilir.

Bir katkı olarak yargılarınızı yeryüzüne sunun. Bunlar, aşağıdakilerden herhangi biri hakkındaki yargılarınızı içerir:

- Anneniz, babanız, kız kardeşiniz, erkek kardeşiniz, büyükanne ve büyükbabanız, halalarınız veya amcalarınız
- Bedeniniz ve bedeninizin belirli bölgeleri, önünüz, arkanız, sahip olduğunuz herhangi bir yara veya kronik acı ve ağrılar
- İstismarcılarınız

Hepsini bırakın. Hepsini bir hediye ve katkı olarak yeryüzüne sunun. Sonra enerjinizi yargılarınız olmadan yeryüzünden yukarı kendinize geri getirin. Yeryüzünden alıp kabul edin. Farkındalığınızı şimdi genişletin ve bedeninizde neyin farkında olduğunuzu fark edin. Daha hafif misiniz yoksa daha mı ağır? Daha fazla yada daha az alana mı sahipsiniz?

Huzur ve olasılık duygusu hissedene kadar yargılarınızı yeryüzüne defalarca salıverebilirsiniz.

Geçmişten Üretmek

Hala geçmişinizin toksisitesini tuttuğunuzda, temelde hayatınızı istismara uğramış çocuk veya daha genç bir versiyonunuz olarak yaşarsınız. İstismara uğradığınızda, daha tipik olarak olumlu insan tepkileri ve etkileşimlerinden bazıları size ait değilmiş gibi veya onlara ulaşamıyorsunuz gibi uzak gelebilir. Nezaket duygusu yabancı hissedilebilir. Minnettarlık ve cömertlik tuhaf ve külfetli, aşk tehlikeli olabilir.

Tüm eğlence ve şakacılık, şen şakraklık, meydana gelen durumun şoku ve travmasıyla sizde tükenmiş ve yerini aşırı ihtiyat, kontrol, katılık ve baskınlığa bırakmış olabilir. Her şey bir zorunluluk haline gelir ve bununla hayatta ilerleme yeteneğinizi sınırlarsınız.

- İstismarınızın ötesine nasıl geçersiniz?
- Bilinçaltınızı nasıl güncellersiniz ve istismara dayalı eski inançları sizi daha olumlu duygusal durumlara yeniden bağlayan yeni inançlarla nasıl değiştirirsiniz?
- Kendinize olan minnettarlığınızı, kendinize olan şefkatinizi ve kendinize olan sevginizi bir kez daha nasıl keşfedersiniz?

Sevgi veya oyun, ruhun cömertliği veya minnettarlık gibi kendinizin olumlu yönlerini kucaklamaya çalıştığınızda, "Bunu nasıl yapacağımı bilmiyorum" diye düşündüğünüz bazı durumlar olabilir. Bu bilgisayarınızın size "dosya bulunamadı" mesajını göstermesine çok benzer. Sonuçta, son on, yirmi yıl veya daha uzun bir süredir aşırı ihtiyat, kontrol ve katılık yerinden yaşadıysanız, bir sonraki adımın ne olduğunu nasıl bilebilirsiniz ki?

İnançlarınızı Güncelleme

Bilgisayarınız tozla doluysa, temizlemek için muhtemelen bir hava kopresörü ve sprey alırsınız. Ama iş iç dünyamıza gelince, çoğumuz bu toz topaklarını tam olarak oldukları yerde tutarız. Biz buna aşinalık veya konfor alanı diyoruz. Konfor alanınız çoğu zaman oldukça rahatsız edicidir. Bu arada, kendinizi hayatınızdaki iyi olan her şeyi engellerken ve iterken bulursunuz.

Mutlu olduğunuzu söyleyebilirsiniz, ancak bu yanlış bir mutluluk duygusudur - yüzeyde mevcuttur ve içinizin derinliklerinde değildir. Aynı zamanda, kendinizi depresyon için hap alırken ya da bağlantınızı kesen ya da gerçekten nasıl hissettiğinizi algılamaktan kaçınmanıza neden olan başka şeyler yaparken bulursunuz.

Bilinçli seçim hayatını yaşamak için, istismardan kaynaklanan eski programların temizlenmesi, düzene sokulması ve değiştirilmesi gerekir; aksi takdirde, mücadele ederken ve savaşırken, ileri geri dönmeye, aynı kapağa veya cam tavana vurmaya devam edersiniz. Ancak bir savaşta istismarın ötesine geçemezsiniz.

Hayatınızı uyum ve kendinizle birlik dışında yaşamaktan kusursuz bir bütünlük içinde yaşamaya çevirir- farklı bir seçim yapmayı öğrenerek, istismarın ötesine geçersiniz.

Birinci Adım: Farkında Olmak

Bu kitapta size sunduğum bazı kavramlarda olduğu gibi, ilk adım farkındalıktır. İnsanlara kendilerine olan şükranı, nezaketi ve sevgiyi nasıl yeniden keşfedeceklerini bilip bilmediklerini sorduğumda, bazıları buna hiç sahip olmadıklarını söylerler. Ancak, istismar doğduktan iki gün sonra başlasa bile, istismara uğramadığınız en az bir gününüz vardı. Bu nedenle, şükran, nezaket ve sevgi deneyiminizin olduğu bir nokta bulunmaktadır. Aşırı ihtiyat, baskınlık ve istismar konusunda daha fazla deneyim yaşamış olabilirsiniz, ancak yine de bir yerlerde, istismarın ötesinde var olduğunuz bir an vardı.

İkinci Adım: Güvensizliği Kabul Etmek

İkinci adım, başkalarına ne kadar güvenmediğinizi fark etmektir. Şüphecilik ve yargı kafesi yerinde tutar. İstismar kafesinin başka bir versiyonu gibi. Güvensizlik, şüphecilik, yargı, aşırı ihtiyat, baskınlık, kontrol, katılık, hepsi kafenizin diğer duvarlarını oluşturarak sizi kilitli ve sınırlı tutar.

Üçüncü Adım: Bariyerleri İndirmek

Kafesinizi yerinde tutan bilinçaltı programlamasının yerine yenisini koymak için bariyerlerinizi indirmeniz gerekecek. İstismarınızın zihninizde nasıl tutulduğuna ve bedeninizde nasıl depolandığına "hayır" demek için, bazen "bilinç azmi" olarak bahsettiğim derin bir kararlılık gerektirir. Bir günlük, üç yaşında veya sekiz yaşında veya istismar başladığında kaç yaşında olursanız olun verdiğiniz kararları, yargıları ve sonuçları bırakmaya başlamalısınız. Unutmayın ki, onlar o zamanlar size yardımcı olmak için yaratılmışlardır, ancak modası geçmiş programlamanın bir parçasıdırlar. Artık size yardım etmiyorlar.

GÜNLÜK YAZMA EGZERSİZİ: FARKINDA OLMAK

Hayatınızda nezaket, sevgi ve oyun oynamayı kucaklamak istediğiniz durumları, deneyimleri, zamanları, yerleri, insanları ve dinamikleri not edin, ancak bunu ne kadar çok isterseniz, o kadar çok mücadele eder ve kafesin parmaklıklarına doğru/karşı boşa çabalarsınız.

KAFES HAKKINDA NEYİ SEVİYORSUNUZ?

Kafesin ötesine geçmenin bir parçası da, onun tanıdıklığını ve rahatlığını "seven" bir yanınız olduğunu kabul etmektir. Tabii ki bunu yargılamadan söylüyorum. İnsanlar olarak sevdiğimiz şeyi yapmaya devam ederiz. Mücadelenin nesini seviyorsunuz?

- Daha güvenli mi hissettiriyor?
- Savunmasız olmak korkutucu mu geliyor?
- Değişiklik yapmanın başkalarına zarar vereceğinden mi endişeleniyorsunuz?
- Geleceği düşündüğünüzde belirsizliğe tahammül edebiliyor musunuz?

Bunlar, ileriye doğru hareket etme, risk alma ve işleri farklı şekilde yapma yoluna sokan fikir veya inanç türleridir. Sorun şu ki, aynı dinamik tekrar ve tekrar eder sizi kendi kendinizi yargılamaya götürür. Bu sizi diğerlerinden ayırır ve bu da diğerleriyle bağlantınızın kesilmesine neden olur.

Bu eski dosyaları saklamanın ve çöp kutunuzu boşaltmamanın bir yararı olduğu sürece, her zaman geçmişinizin kurbanı olacağınızı ve kafese kilitli kalacağınızı garanti edersiniz. Sizi bugün bulunduğunuz yere getiren davranışlara devam edeceksiniz. Kendinize asla sınırlı bir gerçeklik durumunun ötesine izin vermeyeceksiniz. Bu, sizi istismar edici gerçekliğinizle tam anlamıyla evli tutar.

Yani bilinçaltı işletim sisteminizi güncellemiyorsanız, meydana gelmesini bekleyen bir kalp kırıklığı gibisiniz. Talihsiz bir hayat yaratıyorsunuz, ya da parayı itiyorsunuz ya da başka bir ilişkiyi bitiriyorsunuz.

İNANÇ SİSTEMLERİNİZ

Dünyaya nasıl yanıt vermeniz gerektiğiyle ilgili inanç sistemleriniz, öğrendiklerinize dayanmaktadır ve travma perspektifinden oluşurlar.

- Dikkat çekersem, istismara uğrarım.
- Eğer görülürsem, istismara uğrarım.
- Birine bakarsam, istismara uğrarım.
- Birini görürsem, istismara uğrarım.
- Dışarı çıkarsam, istismara uğrarım.
- Önemli olan bir şey yaparsam, istismara uğrarım.
- Yüksek sesle konuşursam, istismara uğrarım.
- Bir şey söylersem istismara uğrarım.
- Farklı bir şey yaparsam, istismara uğrarım.

Bu hükmü kalmamış geçmiş inançlar hala hayatınızı yönetirken hala istismara uğradığınızda karar verdiğiniz şey gerçekmiş gibi davranıyorsunuz. Hala genç benliğinizin filtreleri aracılığıyla işliyor ve uzun zaman önce yaratılan zihinsel programlamadan yanıt veriyorsunuz.

TİTREŞİM FREKANSLARINIZ

Esasen, şu anki bilinçsiz inançlarınız, istismarın rezonans sıklığı - genel titreşiminiz - nedeniyle daha fazla istismarı çekiyor ve sonunda aynı frekansta başkalarıyla rezonansa giriyorsunuz. Sürekli hata yapmanız sizde yanlış olan bir şey olduğu veya kusurlu olduğunuz anlamına gelmez. Bu, insanların Çekim Yasasını duydukları ve istismarı kendilerinin yarattıklarını düşünerek kafalarının karıştığı yerdir. Aslında onu "yaratmıyordum" ama frekansına yakalandım demektir.

Gerçekliğim olarak tuttuğum kafesin duvarları - ve bilinçaltı işletim sistemimde depolanan bilgiler - benzer frekanstaki diğer insanların benimle eşleşebileceği anlamına gelir. Öyleyse, söylediğim şeylerden herhangi biri ile rezonansa girerseniz, sizi radikal canlı yaşamakla veya hatta şu anda mevcut olmakla çelişki halinde tutan şey inançlarınızdır. Geçmişle ve geçmişte oluşan inançlarla işlerken, her zaman istismarın rezonans frekansında olursunuz.

ZİHNİNİZİ İSTEDİKLERİNİZLE DOLDURUN

İnançları değiştirmek, "eskiye OUT (dışarı), yeniye IN (içeri)" demek anlamına gelir. Ne tür bir yaşam kalitesine sahip olmak istediğinizi gerçekten bilmek biraz araştırma ve çalışma gerektirecektir. Bunu yapmanın yolu, hayatınızda en mutlu olduğunuz alanı veya yeri bulmaktır.

- Kendinizi bedeninizde en çok nerede eğlenceli hissedersiniz?
- Ne zaman kendinizi güvende ve korunaklı ve aynı zamanda hayatta hissettiniz?

Bu durumların ne olduğunu öğrenin ve onları yeni deneyimler olarak bedeninize demirlemeye başlayın. Bu, size sunulan yeni seçenekler arasından, hayatınız için yeni bir temel oluşturmaya başlamanızı sağlayacaktır. Ayrıca nezaket, cömertlik, minnettarlık ve sevgi gibi değer verdiğiniz niteliklerde aktif olarak karar vermeye başlayabilirsiniz. İlk başta yabancı hissettirseler de, bedeninize hafiflik ve genişleme getiren daha neşeli deneyimleri aktif olarak seçmelisiniz.

İnanç sisteminizi değiştirmek için önce kendinizi seçmelisiniz. Size empoze edilenin ötesinde olanı seçmelisiniz. Bir bilinç azmi, radikal bir canlılık ve saldırgan bir mevcudiyetle seçim yapmalısınız. İstemediklerinize "hayır" ve istediklerinize "evet" deme seçimini yapmalısınız.

Çoğu insanın atladığı nokta budur. Sevinç ve genişlemenin yeni niteliklerini 'deniyorlar' ve bunu bir eşleşme gibi hissetmiyorlar çünkü bu frekanslarda bu şekilde titreşmeye alışık değiller. Bu yüzden, "Bu bana göre değil" diyorlar ve sonra eski, tanıdık yollara geri dönüyorlar. Bunu yaparsanız, istismara teslim olursunuz. Bunu yaparsanız, nazik, cömert veya minnettar *olmadığınızı* söylersiniz. Bunu yaparsanız, sevgi *olmadığınızı* söylersiniz. Ve bu mutlak bir yalan.

Siz zaten nazik, cömert, minnettar ve sevecensiniz.

İstismara uğramış olan çoğumuz, bu gezegende tanıştığım en nazik, kibar, savunmasız, bilge, zeki, güzel varlıklarız. Size empoze edilen gerçeklik yerine, gerçek alanınıza dokunmayı seçebilirsiniz. Bedeninizde, doğada, yeryüzünde, havada, evrenle birlikte olduğunuzda, yalnızca nezaket, cömertlik, huzur ve sakinliğin bulunduğunu bilen bir yer - ilk başta sadece küçük parmağınız gibi görünse bile, bedeninizde bunun nezaket, cömertlik, minnettarlık ve sevginin yansıması olduğunu bilen bir yer bulun. Bunu yapabilirseniz, hayatınızı değiştirmeye başlayacaksınız.

Bazı insanlar için serçe parmağı kadar değeri olması kulağa gülünç gelebilir, ama bu bile büyük bir değişim olabilir. Bazen o serçe parmağı, bir doktor veya hemşirenin, biri doğduğunda dokunduğu tek yerdir ve bu sahip oldukları tek sevgi dolu dokunuştur. Burada abartılı bir örnek kullandığımı biliyorum, ancak hayatlarında hiç sevgi dolu bir dokunuş yaşamadıklarını söyleyen insanlarla sık sık çalışıyorum. Ve bu büyük ölçüde doğru olsa da, aynı zamanda biz bildiğimiz en küçük miktarda sevgi, neşe ve minnettarlıktan yararlanabilmek istiyoruz ve bunları genişletmeye başlayın ki, bu sayede bunlar daha önce olduğu gibi istisna olmaktansa bizim gerçekliğimiz haline dönüşsünler. Bedeninizde bir özgürlük alanı olarak bu niteliklerin var olduğu yeri bulmalı ve bundan yararlanmalısınız.

ENERJİ EGZERSİZİ: BEDENİNİZDEKİ ENERJİYİ VE FARKINDALIĞI GENİŞLETMEK

Bedeninizde gerçekte kim olduğunuzu bilen alanı keşfettiğinizde, yaptığınız şey o kısmın gülümsemesine izin vermektir. Bebekkenki sevgi dolu bir dokunuşun sadece bir saniyesi bile olsa, bunun bir sonraki parmağınıza doğru genişlemesine ve bir sonraki parmağınıza, sonraki parmağınıza ve başparmağa ve ardından ele doğru genişlemesine izin verin ve sonra kolun yukarısına çıkmasına izin verin. Başka birinin sevgi dolu bir dokunuşunu bildiğinizi hatırlayamasanız bile, kendi kaynaklarınızdan yararlanın. Hayatta neşe dolu hissettiğiniz tüm anları düşünmeye başlayın ve özgür ve doğuştan gelen nezaketinize, cömertliğinize, gerçekten deneyimlediğiniz şeyin ötesinde olduğunuz için minnettarlığınıza ve sevginize uyum sağlayın. Büyütün ve dahada büyük olana kadar genişletin. Yani artık sadece bedeninizdeki serçe parmağı değil, bedeninizin dörtte üçünü kaplar. Ve sonra sonunda tüm bedeninizi.

Pratikle, bol bol pratikle, gerçekte moleküler olarak kim olduğunuzun erdemlerine dayanan yeni bir işletim sistemine sahip olduğunuzu göreceksiniz.

Özetle, inanç sistemlerinizin gösteriyi nasıl yönettiğini keşfettik. Bilinçaltı işletim sisteminizde olanı değiştirmek için, sizi çalıştıran eski programların farkına varmak ve artık size veya arzu ettiğiniz hayata hizmet etmeyen modası geçmiş inançları temizlemek için bilinçli bir çaba göstermelisiniz. O zaman, varlığınızın tamamı olmanız için sizi desteklemeyen hangi inançları tercih edeceğinize aktif olarak karar verme ve ifade etme seçeneğiniz var ve ilk başta ne kadar yabancı görünse de, bu yeni nitelikleri ve deneyimleri yavaş yavaş pekiştirmeye başlayın. Bu noktadan itibaren, radikal canlı yaşamayı kucaklamaya hazırsınız.

12

BÖLÜM ONİKİ: RADİKAL CANLI YAŞAMAK

Ben ne kurban ne de kurtulanım ne de gerçekten gelişen biriyim. İçimde ve bende bilinen agresif bir varlıkla radikal ve orgazmik canlı yaşamayı seçiyorum. Benim için besleyici ve eğlenceli olandan gerçekliğimi üreten ve yaratan bir katalizörüm. Bir daha kimsenin benim yerime seçim yapmasına asla izin vermeyeceğim ve bu gerçekliğin kurbanı, kurtulanı ya da gelişeni etiketine katılmıyorum, ve bu kendi başına bir seçimdir.

Gerçek anlamda, şimdiye kadar, istismarın sonucu olarak bir ölü konumunda yaşıyorsunuz. Şimdi, tamamen farklı bir şeye geçmenin zamanı geldi - radikal canlı yaşamak - ve burada sunulan fikirlerle bu gerçek bir olasılık.

Radikal canlı bir hayat yaşamak, öfke, üzüntü veya istismar nedeniyle yaşadığınız diğer duyguların hiçbirine sahip olmayacağınız anlamına gelmez. Sahip olduğunuz duyguları ifade ederken kendinizi rahat hissedeceğiniz anlamına gelir. Tüm parçalarınızın daha iyi ifadesine erişebileceksiniz.

İfade edilmemiş öfke ve üzüntü içinde hapsolmuş tüm canlılığınızın, utançla kapatılan tüm sihriniz, bedeninizin korkuyla öldürülen tüm bilgeliğini hayal edin - bunların hepsinin sizin için mevcut olduğunu hayal edin. Radikal canlı yaşarken, artık kendinizi güvende hissetmek için dünyanızı kontrol etmeye çalışmanıza ya da sadece kendinizle, bedeninizle, partnerinizle, işinizle ve banka hesabınızla olan ilişkinizdeki hareketleri gözden geçirmenize gerek yok.

Öyleyse ilk soru, kendinizle olmaya istekli misiniz?

Kendin Olmak İstiyor musun?

Kendini tanı.

Delphi Tapınağı'nda yazılı antik Yunan aforizması

Kendin olmak, rolleriniz, yükümlülükleriniz, cinsiyetiniz, eğitiminiz, lisanslarınız veya sertifikalarınız, işiniz veya ilişkilerinizde kim olduğunuzun ötesinde, hakkınızdaki gerçeği bilmek anlamına gelir. Bu, başkalarının size öğrettiği veya sizin için tanımladığı şeylerin dışında ki her şeyi seçmeyi, olmayı, sahip olmayı, üretmeyi ve yaratmayı seçmek anlamına gelir. Kendini derinlemesine bilme - gerçek benliğin - sizi istismarın ölülüğünden kurtaracak, bedeninizde yaşamanın zevkli hislerine uyandıracak ve onun içsel bilgeliğine erişmek için bedeninizle iletişim kurmanıza yardımcı olacaktır.

Evrenin sizin için sahip olduğu hediyeleri almaya ve hayatınızın keyfini ve olanaklarını yeniden seçmeye hazır mısınız?

Ne Olmayı Reddediyorum?

Kendimi şartlanmanın bulanıklığından uyandırmak için kullandığım yollardan biri, sormaktır:

- Ne olmayı reddediyorum?
- Ne olmayı reddediyorum, sadece ben olsaydım, anında kendim olabilmek kolaylaşır mı?

Benim için tam olarak nasıl olduğunu bilmiyorum, ama bir başkasının gerçekliğini yaşamayı seçtiğimi fark ederek uyandığımı hatırlıyorum. Bunun, bu yaşamda yarattığım tüm referans noktalarına dayandığını anladım ve bu da bana yanlış bir güvenlik duygusu verdi. Benim gerçekliğim ailemin tüm referans noktalarına, yetiştirilme tarzıma, nereden geldiğime, deneyimlerime vb. dayanıyordu. Ve bunun beni mutsuz ettiğini fark ettim. Bilinçsizce kendimi daha da yok etmeye çalışıyordum. "Şu anda kim olmayı reddediyorum?" sorusu, bu döngüden çıkmanıza gerçekten yardımcı olabilir.

Şu anki hayatımda bile kendimi olduğum kadar canlı hissetmediğimi fark ettiğimde, "Tamam, şu anda kim ya da ne olmayı reddediyorum?" diye soruyorum. Kendi yanlışlığıma ve ne kadar kötü olduğum düşüncesine girebilirim, ki bunu yapmaya programlandık, ama gerçek şu ki, kendinize böyle bir soru sorarsanız, yargılamadan kurtulup seçim yapabilmeye geçebilirsiniz.

GÜNLÜK TUTMA EGZERSİZİ: NE OLMAYI REDDEDİYORSUNUZ?

Kendine bir soru sormak, daha fazla endişe, huzursuz uyku, mesafe ve ayrılık yaratan eski şartlanma döngünüze geri dönmenizi engelleyecektir. Bir soru, daha fazla bağlantı ve birlik kurmanıza yardımcı olacaktır.

Güzel olmayı mı reddediyorsunuz?

Olabileceğiniz konuşmacı olmayı mı reddediyorsunuz?

Gerçekten olduğunuz yazar olmayı mı reddediyorsunuz?

Olduğunu bildiğiniz maraton koşucusu olmayı mı reddediyorsunuz?

Öğretmen olarak çağrılmayı mı reddediyorsunuz?

Kendiniz için doğru olduğuna inandığınız şey olmayı mı reddediyorsunuz ve ne olmak için buradasınız?

Bunu Nasıl Seçebilirim?

Kendinize ne olmayı reddettiğinizi sorduktan sonraki adım kendinize şunları sormaktır:

- Nasıl seçebilirim?
- Şu anda böyle olmayı seçmek için ne yapabilirim?

Ama bundan daha da derine inen bir durumdur. Ya artık kendi gücümü saklamama izin vermezsem?

Ya kendi gücünüzü saklamanıza asla izin vermezseniz?

Gücünüzünü dışınızda değil, kendi içinizde bulunacağınızı bilin. Her an her birimiz adım atıp ne gerekiyorsa yapmayı seçebiliriz. Her an en iyi olduğunu bildiğimiz şeyi seçeriz ve bilmesek veya bilmediğimizi düşünsek bile, olasılığı genişleten şeye dayanarak seçim yaparız. Kendinize her an seçme özgürlüğü verdiğinizde, ölülükten radikal canlılığa geçersiniz.

HİKAYENİN ÖTESİNDE YAŞAMAK

Kendi yolculuğumda fark ettiğim şey, artık hikâyemden ne kadar uzak olduğum ve artık onu yargılama algısıyla filtrelememem oldu. Yargılamanın ötesine geçmenin getirdiği mutluluk ve özgürlük vardır. Yargı her zaman oradaydı. Hep benimleydi. O kadar alışmıştım ki, farkında bile olmadan onu giyiyordum.

Yargılamanın ötesinde yaşamak, kim olduğunuza dair derin bir iyi hissetme hali sağlar. Bu çalışmayı yapmak, istismar deneyiminiz hakkında size daha derin bir anlayış getirecektir.

Bu bir anlamda, "Beni ele geçiremedi. Ruhumu alamazdı. Tüm benliğime sahip olamazdı. Ben hala benim ve hala olduğum kişiyim, ben sadece daha iyiyim."

Evet, istismar gerçekleşti. Bu, üzerinizde başkasının ellerinin olmasını da içeriyor. Ama bu gerçekten siz değildiniz. Kendi gerçeklerini size empoze eden onlardı. Sırf bir travma olduğu için, olduğunuzdan farklı bir şey olmanız gerektiğini kim söyleyebilir? Öyleyse, gücünüzü - ilk başta sizinle hiçbir ilgisi olmayan - bir olaya veya istismarcıya vermek yerine neden kim olduğunuza ve hep olduğunuz kişiye geri dönüp bunu serbest bırakmıyorsunuz?

Gerçekliğin buna travma, istismar veya TSSB (travma sonrası stres bozukluğu) adını vermesi ve bu nedenle deneyimlemeniz gereken belirli şeyler olması, aslında bunu yapmanız gerektiği anlamına gelmez. Burada farklı bir şekilde dinlemeyi, algılamayı, bilmeyi, olmayı ve farklı bir şeyi alıp kabul etmeyi seçebilirsiniz. Bu, radikal canlı yaşamanın merkezindedir.

Bağışlama

İstismarı iyileştirmenin eski paradigmasında, iyileşmek için affetmemiz gerektiğini öğreniriz. Ancak affetmek sizden başkası için değildir. Bağışlamak, en temel anlamıyla, bırakmak demektir. Bu, "Ben özgürüm ve sen de özgürsün" demenin bir yoludur.

İlerlemeyi seçerseniz affetmek sizin içindir.

Yolculuğumun bir kısmında, bu gezegene olağanüstü katkı yapabileceğimi ve fark yaratacağımı bana çok açık hale getirdikleri için, tüm faillerime, erkeklere ve kadınlara, teşekkür ediyorum. Bende ve hepimizin içinde olan bir nezaket, bir zeka, bir şefkat ve bir duyarlılık var. Yaşadıklarımın üstesinden gelmek, bunu seçmek için istekli olmasaydım, radyo şovumu veya bu kitabı sunacak veya sahip olduğum binlerce insanı kolaylaştıracak sözlere ve deneyime sahip olmayabilirdim. Bugün hayatımı travma sonrası bir gelişme olasılığı olarak görüyorum.

İstismar gibi derslere ihtiyacımız olduğunu söylemiyorum. Zevk, olasılık, nesil, yaratma, fark yaratma, bilinç yayma, güçlendirme, parlaklık ve gerçekten kendi kafesimizin içinde ışık yakmak için uzanıp "Daha fazla yalan yok. Artık istismar yok!" diyen, farklı bir şeyi seçebileceğimizi söylüyorum. Ve başkalarının da aynı şeyi yapmasına yardımcı olabiliriz.

Danışanlarıma sık sık şunu söylerim, "Çocukluğunuzu değiştirmek için asla çok geç değildir ve değişmek için asla çok geç değildir. Ve hayatınızda sizi istismar eden insanlara ne olacağını asla bilemezsiniz. "Kendi durumumda, ben annemle derin bir değişim yaşadım. İkimiz de büyüdük ve değiştik, bu da harika ve sevgi dolu bir ilişki geliştirmemizi sağladı. Bu asla hayal edemeyeceğim bir hediye oldu. Şimdi, 50 yaşında, bir anneye sahip olmanın nasıl hissettirdiğini ve koşulsuz sevginin ne olduğunu deneyimledim. Bu gerçekten ondan her zaman istediğim şeydi ve şimdi de öyle. Geçmiş tam bir daire haline geldi ve çözüldü. Önemli olan tek şey annemi seviyorum ve annem beni seviyor. Özgürüm. Ve o da öyle. Böyle bir kitap yazmak zor. Gerçek her zaman güzel değildir. Ama bu işi yaparken iyileşir, büyür ve değişiriz ve çoğu zaman bizi istismar edenler de öyle. Bu, radikal ve orgazmik canlı yaşamanın lütfu. Bunun için hazır mısınız? Daha fazla canlılık için hazır mısınız?

Evren, bize mucizeleri göster ve özgürleşmemize izin ver!
Ve öyle olsun!

ENERJİ EGZERSİZİ: RADİKAL CANLILIĞA GENİŞLEME

Gözlerinizi kapatın ve ellerinizi timus ve kasık kemiğinizin üzerine koyun. 3 kez ağzınızdan nefes alıp verin ve "MERHABA BEDENİM! MERHABA BEDENİM! MERHABA BEDENİM! MERHABA BEN! MERHABA BEN! MERHABA BEN! MERHABA YERYÜZÜ! MERHABA YERYÜZÜ! MERHABA YERYÜZÜ!" İçinde bulunduğunuz odanın dört köşesine dokunmak için enerjinizi genişletin ve nefes. Yukarı, aşağı, sağa, sola, öne ve arkaya gidebildiğiniz kadar nefes verin. Önünüzden nefes alın, arkanızdan nefes alın, sağınızdan nefes alın ve solunuzdan nefes alın. Ayaklarınızdan yukarı ve başınıza aşağı doğru nefes alın. Yukarıdaki tüm "Merhaba"ları tekrarlayın. Yüksek sesle, "DEĞİŞTİM VE DEĞİŞTİĞİMİ BİLİYORUM, DEĞİŞTİĞİMİ BİLİYORUM ÇÜNKÜ _____ (boşluğu doldurun)." Bunu 3 kez söyleyin. Gözlerinizi açın.

Nasıl hissettiğinizi veya enerjinizdeki değişimi fark edin.

Dünyanın İstismarını Bedeninizden Serbest Bırakmak

İstismara uğramış olanlarımız genellikle tüm dünyanın istismar deneyimine karşı hassastır çünkü bunun nasıl hissettirdiğini, koktuğunu ve tadının nasıl olduğunu biliriz. Bedenimizin aşırı ihtiyatlı bir şekilde programlandığını hissedebiliriz. Bedenlerimiz istismar her nerede olursa olsun koklamak, tatmak ve bilmek için bir anten gibidir. Bilişsel, bilinçli veya görsel olarak farkında olmasak bile, hücresel hafızamız böyledir.

Kendinize sorun
Başkalarının istismarını algılama konusunda yaşadığım ağırlık bana mı ait? Ve ona uyum sağlamaya ve duyularım aracılığıyla deneyimlemeye devam etmek, bana hizmet ediyor mu?

Şimdi bir seçeneğiniz var. Hepimizi ileriye çağıran tüm sonsuzluktaki tüm istismarların tüm seslerini, fısıltılarını dinleme seçeneğiniz var. Daha da önemlisi, belki de bu fısıltıları duymak için bir seçeneğiniz var ve

"İstismarın hayatımı yönetmesine izin vermemin ötesine geçme zamanı. Artık yok." dersin. İstismar artık seninle başlamayacak, ve bu senin seçimin. Burada, hemen şimdi.

Öyleyse, merak ediyorum... ne seçeceksin?

1 2 3 4 ROAR

Daha fazla istismar yok!

DR. LİSA COONEY, PHD, LMFT

Dr. Lisa Cooney, PhD, LMFT, kişisel dönüşüm ve travma iyileşmesinde öncüdür. Ruh terapisi, yaşam koçluğu ve ruhsal dönüşüm konularında çok başarılıdır. Devrim niteliğindeki Live Your ROAR® yönteminin yaratıcısı olarak, binlerce insanın hayatını dönüştürerek çocukluk travmalarının üstesinden gelmelerine ve "Radikal Orgazmik Gerçekliği" (ROAR®) benimsemelerine yardımcı oldu. Dr. Lisa'nın felsefesi "Anlıyorum!...Ne olursa olsun!" üzerine kuruludur. ve kendi kaderini tayin etme, büyümeye bağlılık, evrenle işbirliği ve rüya gibi bir yaşam yaratma ilkeleri.